edition suhrkamp 2800

Die neue Kollegin einer Sexarbeiterin ist aus Silikon. Ein Schlachtergehilfe erzählt von den hochmodernen Tötungsmaschinen in der »Fleischfabrik«. Und die Auszubildenden einer Flughafen-Security sollen verinnerlichen, dass erst regelkonformes Verhalten sie zu Menschen macht.

Die Figuren in Magdalena Schrefels Geschichten stehen vor den alltäglich-absurden Herausforderungen des Spätkapitalismus – Automatisierung, Kontrolle, Prekarität – und finden überraschende Wege, mit dem Unzumutbaren umzugehen. Und sie fragen nach den Bedingungen der Entstehung von Literatur: Wie macht sie sich Menschen zunutze? Und ist Literatur Arbeit, ja, sogar systemrelevante?

Magdalena Schrefel, geboren 1984, studierte Europäische Ethnologie in Wien und Literarisches Schreiben in Leipzig. Ihr Theaterstück *Ein Berg, viele* wurde am Schauspiel Leipzig uraufgeführt, vom Bayerischen Rundfunk als Hörspiel produziert und mit dem Kleist-Förderpreis 2020 ausgezeichnet. *Brauchbare Menschen* ist ihre erste Veröffentlichung im Suhrkamp Verlag.

Magdalena Schrefel

Brauchbare Menschen

Erzählungen

Suhrkamp

Die Arbeit an dem Manuskript wurde durch das Hans-Weigel-Literaturstipendium des Landes Niederösterreich sowie ein Arbeitsstipendium im Rahmen der Literaturförderung des österreichischen Bundeskanzleramts unterstützt.

Dieses Buch wurde klimaneutral produziert.

Klimaneutral
Druckprodukt
ClimatePartner.com/14438-2110-1001

Erste Auflage 2022
edition suhrkamp 2800
Originalausgabe

Umschlag gestaltet nach einem Konzept
von Willy Fleckhaus: Rolf Staudt
Satz: Satz-Offizin Hümmer GmbH, Waldbüttelbrunn
Druck: C.H. Beck, Nördlingen
Printed in Germany
ISBN 978-3-518-12800-8

www.suhrkamp.de

Inhalt

Manchmal sind brauchbare Menschen
in den Fabriken und arbeiten,
manchmal leben sie verzweifelt,
manche haben Striezel bei sich,
Striezel, die sie selbst essen.

Edmund Mach

Schlangestehen

Wir sind alte Leute, und dass sie warten könnten, sagte der Mann zu mir, und ich fragte mich, wen er mit wir meinte, wo er doch allein war. Dass ihm auch nichts anderes übrigbliebe, antwortete ich, weil Schlangestehen zwar unangenehm, aber eben Menschheitsprinzip.

Effizienter, hatte die Ausbilderin gesagt, geht es nicht. –Und warum? Weil man einander kontrolliert. Weil die Macht in Schach gehalten wird, sozusagen. Ich meldete mich. –Ja, bitte? –Weil einer für Ordnung sorgt, aber alle anderen dafür sorgen, dass auch er die Ordnung einhält, und wenn er das nicht tut – meine flache Hand zog ich leicht theatralisch vor meinem Hals von links nach rechts –, dann war es das, ganz einfach. Ganz genau, hatte die Ausbilderin gesagt. Ihr Blick hatte die Runde gemacht, jeden Einzelnen von uns hatte sie angesehen. –Sie können die Ordnung nur aufrechterhalten, solange die Mehrzahl der Anstehenden Ihr Verhalten für gerechtfertigt hält. Zumindest für nachvollziehbar.

Fünfzig Prozent, werde ich also später zu der Reporterin, die mich interviewt, sagen, fünfzig Prozent sind Stimme und fünfzig Präsenz. Ich werde sagen: Man kann in einem Raum sein und man kann den Raum in Anspruch nehmen. Aber man muss den Raum ausfüllen, ganz einfach, es ist die Körperhaltung, die sagt, dass du vor allen anderen da warst, dass es dein Revier ist, dein Territorium. Da ist auch der Mensch bloß ein Tier, das eine Rangordnung ausficht. – Und was noch? – Man muss in klaren, kurzen Sätzen sprechen. Mit bestimmter Aussprache. Den Worten Gewicht geben, unmissverständlich, sodass sich erzählt, was in jedem Fall gehört werden muss und was bloß Beiwerk ist, Höflichkeit. Sich nicht entschuldigen, niemals. Den Satz nach unten abschließen, nicht nach oben, Endgültigkeit herstellen. Auf jede Frage eine plausible Antwort haben, notfalls eine erfinden. Tatsächlich, wird die Reporterin nachhaken, zwischen uns ihr Handy auf Aufnahme. Und ich werde ja sagen. – Ja, manchmal muss man die Tatsachen plausibler machen. Mich kann keine Maschine ersetzen. Klar, so eine Maschine, die kann Mikrochips auslesen, kann im Bruchteil einer Sekunde ein Gesicht vermessen, es mit dem Foto in Ihrem Ausweis abgleichen und, wenn Zweifel bestehen, dass Sie Sie sind, dann kann eine Maschine die Schranken schließen, blitzschnell. Aber die Schlange? Die bleibt, bleibt meine Arbeit also, werde ich sagen. – Zukunftssichere Fließbandarbeit. – Was? – Wie am Fließband.

Wir hatten unsere Jacken angezogen, es war der erste Tag unserer Ausbildung. Die Frau neben mir fragte, wie ich mir die Arbeit vorstellte, und ich: Wie am Fließband, bloß mit zwischenmenschlichem Bezug. – Affekt eben. – Kenn ich nicht. Da musste ich lachen. – Affekt, klar doch, jedes Mal aufs Neue wirst du so tun müssen, als hättest du diese oder jene Frage nicht schon hunderttausend Mal gehört. Als sei sie berechtigt wie am ersten Tag. Jedes Mal wieder wirst du also deine Antwort mit Gefühl aufladen. So hatte ich es mir vorgestellt. Die Kollegin lachte, was du für Begriffe hast. – Es ist doch ganz einfach, wir werden unsere Arbeit machen, um am Abend müde nach Hause zu gehen. Und jeden Fünften eines Monats werden wir dafür bezahlt werden. Basta. Ich brauche Begriffe, sagte ich, um es zu verstehen. Ihr müsst verstehen, hatte die Ausbilderin am letzten Tag der Schulung gesagt, nachdem wir von morgens um acht bis abends um sechs ausgebildet worden waren, nachdem gleich am ersten Tag, nach der ersten Mittagspause, drei den Kurs verlassen mussten: – Wie spät ist es? – Entschuldigung. – Das ist keine Uhrzeit. Haben Sie denn eine Uhr? – Ja, ich, es … – Vielen Dank, Sie können jetzt gehen. Ihr müsst verstehen, hatte die Ausbilderin an jenem letzten Tag also zu uns gesagt, und ihr Ton war beschwörend, ihr Blick beinahe bittend geworden, verstehen müsst ihr, warum ihr keine Ausnahme macht. – Dass es zu aller Leute Vorteil ist, nicht zu eurem eigenen. Dass jeder Einzelfall seine Berechtigung hat, ja, und dass jede Person sich selbst in ihren Bedürfnissen als individuell wahrnimmt, auch das, dass aber in der Arbeit mit Gruppen Regeln gelten, für alle, jeden und immer. Und diese durchzusetzen, das ist eure Pflicht. Kant, hatte der, der neben mir saß, geflüstert. – Wie bitte? – Kant. Das Prinzip, immer bloß so zu handeln, dass dein eigenes Verhalten auch für alle anderen gelten kann. Das sei Kant. Und ich hatte genickt. Kant, wiederholte ich dann und notierte mir den Namen, neben die Hinweise zum Verhalten im Brandfall. Er hielt es nicht lange aus, bestand die Probezeit nicht.

–Wir sind alte Leute, wir können warten. Der Körper des Mannes war gebeugt. Immer noch sprach er von einem Wir. Sie müssen sich anstellen, sagte ich. –Anstellen? –In die Schlange. –In die Schlange? –Sehen Sie, sehen Sie da? Hinter dem allerletzten Menschen, hinter dem müssen Sie sich anstellen, um zu warten. –Wir warten, ja. –Aber nicht bei mir, bei mir können Sie nicht warten. Sie müssen sich in die Schlange stellen. Ach so, aber, sagte der Mann. –Tut mir leid, ich kann keine Ausnahme machen.

Wenn ihr eine Ausnahme macht, hatte die Ausbilderin gesagt, dann könnt ihr davon ausgehen, dass alle, die in diesem Moment danebenstehen, dieselbe Ausnahme für sich in Anspruch nehmen wollen. Und wer, hier hatte ihre Stimme einen Anflug von ehrlichem Verständnis gehabt, wer wolle ihnen das denn übelnehmen? Man müsse immer davon ausgehen, dass die, die kämen, nicht wüssten, was eine Ausnahme ist und was die Regel. –Deswegen ist es so wichtig, dass ihr immer die Regeln befolgt. Weil ihr die Regeln seid, durch eure Handlungen. Es wird euch nicht nur nicht möglich sein, euch die Zeit zu nehmen, um zu erklären, was die Regeln sind und warum ihr eine Ausnahme macht, es gibt auch einen Namen für ein solches Verhalten. Man nennt es Willkür. Weil es für das Ausnehmen keine Regeln gibt. Die Regeln befolgen ist also das

Menschlichste, was ihr tun könnt. Für jeden, der kommt, nehmt ihr euch fünf Minuten Zeit.

Nimmt man sich deutlich weniger Zeit, werde ich später zu der Reporterin sagen, beschwert sich der Drangekommene so lautstark, dass die Schlange in seine Anklage miteinstimmt, um sich selbst geschützt zu wissen, natürlich. Gibt man dem Einzelnen aber deutlich mehr als diese fünf Minuten, so wird die Schlange sich ebenfalls lautstark beschweren, weil sie einem die Bevorzugung eines Einzelnen nicht verzeiht, niemals. Die Zeit des Einzelnen ist die Zeit aller. Wird die Schlange zu lang, geht einer von uns durch und teilt den Wartenden mit, fünf Minuten pro Person in der Schlange. – Was? – Fünf Minuten pro Person, Sie können sich Ihre Wartezeit damit ausrechnen. – Und können Sie mir sagen, wann … Aber da geht man schon weiter. Bloß keine Unterhaltung anfangen. Kurz informieren, denn wer weiß, wie lange er warten muss, hat ein Gefühl der Kontrolle. Auch wenn schlussendlich wir die Kontrolle behalten.

Wir hatten wiederholt, laut und alle zusammen: Es gibt zwei Schlangen. Jeder bekommt fünf Minuten, und … Der mit Kant hatte die Hand gehoben. – Ja? – Was ist, also was ich fragen wollte, was ist, wenn jemand austreten muss? – Ihre Fragen stellen Sie am Ende der Stunde. Und wer austritt, muss sich wieder hinten anstellen. Wir wiederholten also noch einmal laut und im Einklang: Es gibt zwei Schlangen. Jeder Wartende hat ein Anrecht auf fünf Minuten und darauf, zu wissen, dass es fünf Minuten pro Wartendem sind.

Sie müssen also mit erheblichen Wartezeiten rechnen, sagte ich zu dem alten Mann. –Bei fünf Minuten pro Person in der Schlange vor Ihnen. –So? Er sah mich an. –Verstehen Sie? Fünf Minuten, pro Person. Mit meinen von mir gestreckten Händen deutete ich ein Abzählen an, pro Person fünf Minuten. Er nickte. Dass sie warten könnten, sagte der Mann wieder, und bevor er noch mehr sagen konnte, sagte ich: Danke für Ihr Verständnis, und war dann weitergegangen. –So war es, ich schwöre.

Die Reporterin wird ihr linkes Auge zusammenkneifen, während sie ihren Blick nicht von mir nehmen wird. Ich schwöre, werde ich noch einmal sagen. –Erzählen Sie mir mehr. Wie hat der Tag begonnen?

–Ich war laufen, wie beinahe jeden Morgen, fünf K, acht K, zehn K, ich variiere das, das Wichtigste ist, das Potenzial des eigenen Körpers zu spüren. Wenn ich dort draußen bin, dann muss ich mich auf meinen Körper verlassen können. Mein Körper, werde ich sagen, ist sozusagen mein wichtigster Kollege. Verstehen Sie? Sie wird nicken. Ich trinke nicht, werde ich sagen, nur gelegentlich, habe vor Jahren schon zu rauchen aufgehört, ernähre mich gesund. Weil nur ein klarer Geist dem Körper diese Spannung verleiht. Wenn ich dort draußen bin, werde ich sagen, dann bin ich dort draußen. Alles andere lasse ich hier. Mehr als die tatsächliche Körperkraft zähle die Ausstrahlung, hat unsere Ausbilderin gesagt, und dass wir im Ernstfall nie allein würden handeln müssen. –Und? –Was und? –Gab es schon einmal einen Ernstfall? –Keinen signifikanten. –Signifikant? –Wir stehen in Sichtweite, sodass jeder von uns zwei Kollegen im Blick hat. Und im Blick zweier Kollegen Schutz findet. Selbst wenn einer unaufmerksam oder gerade beschäftigt ist, kann man sich noch immer darauf verlassen, gesehen zu werden. –Sie haben meine Frage nicht beantwortet. –Welche? –Was heißt, nicht signifikant? Dass noch niemand zu Schaden gekommen ist, werde ich sagen. –Bis heute, meinen Sie. –Heute Morgen schien die Sonne, keine Wolke in Sicht. Ich lief also los, und plötzlich kreuzt eine Ratte meinen Weg, läuft unvermittelt aus dem Gebüsch und über den sandigen Weg, der an einer Seite befestigt ist. Dann sehe ich noch eine Ratte, und dann sehe ich eins, zwei, drei, drei tote Ratten auf dem Gehweg. Vergiftet. Jeden Morgen, wenn ich laufe, zähle ich die Tiere und merke mir, in welcher Verfassung ich sie antreffe. Tier ist, was eine Fährte hinterlassen kann, also nicht Wespe, nicht Mücke, nicht Schmetterling, sehr wohl aber Raupen und Spinnen, wo ich sie sehen kann, Ratten auch und Mäuse, Hasen, Hunde und Vögel, ich zähle sie alle und versuche mir daraus den Tag vorherzusagen. Mein ganz persönliches Horoskop entwerfe ich. Es trügt mich nicht öfter, als es mir Recht gibt. Ganz einfach, weil man die Schlange als Gesamtkörper zu lesen lernt, und weil man die Einzelnen, die die Schlange ausmachen, anhand weniger Bewegungen als zu dieser oder jener Kategorie zugehörig erkennt.

Man nennt das Prävention, hatte die Ausbilderin gesagt, und dass wir trotzdem abwarten müssten, wie sich Menschen verhielten. –Ihr müsst das Verhalten vorab einschätzen, dürft aber nicht vorauseilend darauf reagieren.

Es ist nur logisch, verstehen Sie, werde ich die Reporterin fragen, und ich werde die Frage ernst meinen. Denn dass man versucht einzuschätzen, mit wem man es zu tun hat, aber eben auf das Verhalten des Einzelnen zu reagieren hat und nicht auf die eigene Einschätzung, das scheint mir einleuchtend, wirklich.

Ihr müsst lernen, zu vergessen, hatte die Ausbilderin auch gesagt. Was sie damit gemeint hat, habe ich schnell verstanden. Man darf nicht nachtragend sein, selbst wenn einer aus der Reihe tanzt, Unruhe in die Schlange bringt, solche Sachen. Man darf es nicht persönlich nehmen, auch wenn einer laut wird, dich beschimpft oder die Faust hebt, schon gar nicht die anderen dafür bestrafen, weil dann Polizeistaat. – Und Polizeistaat, das sind wir nicht. Da hatte sie innegehalten, die Ausbilderin, und kurz ihre Unterlagen sortiert. Dass wir jetzt Pause machen könnten, hatte sie gesagt. Zehn Minuten.

Vor dem Gebäude hatten wir gestanden, alle zusammen. Warum sich eine Gruppe immer als Kreis aufstelle, hatte ich mich gefragt. – Wie kommt es, dass ein Haufen Menschen sich so schnell als Kreis formiert? Und da war es mir plötzlich klar gewesen, dass der Kreis nur die freiwillige Form der Schlange war. – Im Kreis stehen ist nichts anderes, als gemeinsam einander zu kontrollieren, sich im Auge zu behalten. Die anderen hatten genickt und an ihren Zigaretten gezogen. Niemand war sonderlich interessiert. Eine Kollegin hatte *be bold, be italic, never regular* auf ihrem Unterarm tätowiert. Die letzten zwei Worte waren unterstrichen, sie sei Druckgrafikerin, antwortete sie auf meine Nachfrage, zumindest habe sie das studiert, bloß keinen Job gerade. Das sei hier vorübergehend, sagte sie. – Bis ich etwas anderes finde. – Klar. Wie Sie heiße, hatte ich Sie gefragt. – Andrea. – Schöner Name. – Danke. Dann schwiegen wir. Sie drückte ihre Zigarette aus, zündete sich noch eine an. Ich wollte sagen, dass ich Ordnung mochte und mich gern darauf verlassen wollte, dass die Dinge in Ordnung waren. Dass ein jedes und ein jeder seinen Platz hatte. Unsere Pause war gerade einmal lang genug, um zwei Zigaretten zu rauchen, dazwischen einen Schluck Wasser zu trinken. Wie soll man da ein Gespräch anfangen?

Und der Flughafen, wird die Reporterin fragen. – Was ist damit? – Was halten Sie grundsätzlich davon? Er sei doch umstritten gewesen, es hätte Proteste gegeben, versuchte Blockaden, wird sie sagen. – Und jetzt seid ihr hier, einsatzfähig, vierundzwanzig Stunden täglich, Schichtsystem, trainiert und in Uniform. Ihr Ton jetzt vertraulich. – Bereit, unseren Dienst zu verrichten, ja. Ich werde nicken. Infrastruktur ist alles, werde ich sagen. Dass es der Stadt gutgetan habe, den Flughafen zu bauen. Dass es wichtig sei, für die Menschen und für die Wirtschaft, oder etwa nicht? Aber die Sicherheit, die müsse man garantieren. – Fühlen Sie sich denn wohl hier? Dass ich meine Arbeit mag, werde ich sagen. – Warum? – Weil es Arbeit ist, immerhin das. Wissen Sie, wie das ist, ohne Arbeit? Am Morgen aufzustehen und genau zu wissen, dass die einzige Aufgabe, die man hat, darin besteht, zwölf Stunden Tag rumzukriegen, bis man wieder schlafen kann? Nicht weil man so gern schlafen will, sondern weil schlafen heißt, eine Aufgabe zu haben? Irgendwann lernt man, sich am Abend hinzusetzen und zu ordnen: Was kann ich diese Woche meine Arbeit nennen? Was für die nächste aufsparen? Den Brief zur Post bringen? Montag. Einen Kuchen backen? Dienstag. Einkaufen gehen dann am Mittwoch, nein, umgekehrt, die Hose zum Schneider bringen und darauf hoffen, dass er sie noch einmal flicken kann. Dieses Buch lesen, jenes, und so weiter und so fort, wissen Sie, wie das ist, wenn man an der Supermarktkasse steht und sich bei dem Gedanken ertappt, ob man das nicht auch Arbeit nennen kann? Lebensversorgungsarbeit, Lebenserhaltungsarbeit oder so? Bloß, um im nächsten Moment daran zu denken, dass alle anderen tatsächlich Arbeit haben und deswegen davon genervt sind, an ihrem Feierabend an der Supermarktkasse anzustehen.

Ich schäme mich nicht, das zu sagen, werde ich sagen, wie es war, keine Arbeit zu haben. Genauso wenig wie ich mich jetzt dafür schäme, meine Arbeit zu machen. Die ich korrekt gemacht habe, immer. Also, was ist passiert, wird die Reporterin fragen. Sie wird ein Kleid tragen und Lippenstift, und ich werde mich fragen, ob das ihre Arbeitskleidung ist und ob sie davon ausgegangen ist, einen Mann in meiner Position anzutreffen.

Plötzlich sei es laut geworden, werde ich sagen, unruhig. –Ein Arzt, rief jemand. Wir brauchen einen Arzt! Ich bin losgelaufen, bis ans Ende der Schlange, und da lag der alte Mann, lag da am Boden. –Was ist los? Keine Antwort.

–Was ist denn hier los? Jemand drückte auf seine Brust, zwei Zentimeter unterhalb, oder wo war das? Lassen Sie mich durch, ich arbeite hier, sagte ich. Und der Mann, dass er Arzt sei. Kann ich etwas tun, fragte ich. Der andere setzte still die Herzmassage fort. Ich arbeite hier, sagte ich noch einmal, obwohl es offensichtlich war. –Was war offensichtlich? –Dass ich nichts tun konnte.

Mein Lieblingstier, werde ich zu der Reporterin sagen, ist der Fuchs. Er ist schlau und anpassungsfähig, ein Einzelgänger, der weiß, wann er mit anderen zusammenarbeiten muss. Ein Fuchs muss tun, was ein Fuchs tun muss, kennen Sie das noch? Wahrscheinlich sind Sie zu jung.

Frauen seien die besseren Fußsoldaten, besser auch im Austeilen, hatte die Ausbilderin gesagt, und ich hatte mich gefreut, weil ich konkret gemeint war. Gehorsam und regelkonform, hatte sie gesagt, weil unser aller Erfahrung doch sei, dass uns Regeln weiterbrächten, dass sie zumindest unsere natürliche Benachteiligung ausglichen. Von Geburt an seien zwar erst mal alle Menschen gleich, trotzdem gelte es, an manchen Punkten zu unterscheiden. Und damit man uns unterscheiden könne, trügen wir Uniform. Aber Menschen sind wir hier alle, hatte die Ausbilderin gesagt, egal, auf welcher Seite man steht, ob man die Schranken öffnet oder schließt, ob man ein- oder zurückweist, durchsucht oder reist, das macht keinen Unterschied. Den Unterschied macht die Uniform. Die Uniform ist, wovon Ihre Befugnis ausgeht. Seien Sie sorgsam damit. Seien Sie achtsam.

Ich weiß schon, bei welchen ich besonders aufpassen

muss, hat dann an einem unserer ersten Arbeitstage eine gesagt. – Ach ja? – So viele Haare kann man doch gar nicht auf dem Kopf haben. Dass die Frauen in der Schlange Schmuggelware unter ihren Kopftüchern trügen, dessen wäre sie sich sicher. Ich hatte protestiert, du hast gehört, was die Ausbilderin gesagt hat. Dass wir alle Menschen sind. Das nächste Mal, als wir zusammen auf Schicht waren, tat sie so, als wäre nichts gewesen, aber ich weiß, was sie mir damit sagen wollte. Dass sie auf solche wie mich achtgeben würde, ganz besonders. Sie war auch da, werde ich zu der Reporterin sagen. Ihr Name ist Janny.

Ihr müsst unterscheiden zwischen Fehlverhalten und Verhalten, das euch missfällt, hat die Ausbilderin gesagt, und dass es für Ersteres Regeln gebe und Verfahrensweisen. Für Zweiteres müssen Sie Ihre eigenen Regeln finden, hat sie gesagt. – Wie hat sie das gemeint? – Dass man lernen muss, sich abzugrenzen. Schließlich schleust man tagtäglich Tausende Menschen hier durch, arbeitet auf engstem Raum, körpernah. Man kann, nein, darf sich nichts zu Herzen nehmen. Aus keiner Richtung. – Ich verstehe. Und dann? Ich hätte also neben dem alten Mann gestanden, nicht lang, werde ich sagen, wirklich gar nicht lang könne es gewesen sein. – Dürfen Sie das denn? Es war Ermessenssache, mein Spielraum, werde ich antworten. Wir werden beide wissen, dass das stimmt, und trotzdem: Es war eine Ausnahme.

Alles war ruhig an diesem Morgen und ich wollte …, ich hatte den Mann doch gesehen. Ich hatte kein schlechtes Gefühl, keine Vorahnung. Gefahr besteht immer, werde ich mich sagen hören, aber wissen Sie, man lernt doch, die Schlange zu lesen. Und dass es keine Anzeichen, keine Vorwarnung gegeben habe. –Es geschah plötzlich?

Plötzlich hörte ich meine Kollegin, ich hörte meinen Namen, Fatime, rief sie, und ich blickte auf. Unsere Dreierkette war aufgebrochen, lose, ich stand am Ende der Schlange, Andrea ganz vorn, dazwischen niemand. Wo ist Janny, rief ich. Fatime, rief Andrea. –Fatime, komm! Und: Nein so geht das nicht, schrie einer sie an. –So geht das nicht. Ich protestierte. Ich mache das nicht mehr mit, meine Tasche kriegt ihr nicht, nein, meine Tasche kriegt ihr nicht. Er brüllte jetzt beinahe, laut und für alle hörbar sagte er: Was heißt Laptop raus, was heißt Schuhe aus, und den Gürtel, den Schlüssel, das Handy, die Münzen, die Uhr vom Arm, und am besten lege ich wohl auch noch meinen Arm mit ab, oder was? Was heißt, ich soll hier rein, dann doch nicht, die Arme hoch, aber nicht so, noch mal zurück, nur noch einen Moment, weißt du was? Den will ich mir nicht nehmen. Einen Scheißjob machst du, sagte er. –Scheißjob. Und spuckte meiner Kollegin ins Gesicht. Ich war jetzt da. Bitte treten Sie einen Schritt zurück, sagte ich. Lass mich, sagte er, lass mich doch einfach in Ruhe mit diesem Quatsch, mit diesem Sicherheitswahn, ich will doch einfach nur nach Hause! Niemand von uns hier wird einem anderen etwas antun, und niemand von uns hier hat irgendeinem von euch etwas getan. Als wären wir Schwerverbrecher, Terroristen, zum Aus-der-Haut-Fahren. Alles, was er wolle, sagte der Mann, sei nach Hause kommen. Nach Hause kommen, nachdem er den ganzen Tag hart gearbeitet habe. –Bitte treten Sie einen Schritt zurück und beruhigen Sie sich, sagte ich also noch einmal. Und er: Kommst du deiner Kleinen hier zu Hilfe, oder was! Seid ihr nicht Manns genug, um im Sicherheitsdienst zu arbeiten? Er sieht sich um, manche grinsen, die meisten kucken weg.

Bitte treten Sie zurück und beruhigen Sie sich, sage ich also. –Sonst was? Er blickt mich herausfordernd an. Es war klar, in diesem Moment, dass er sich nicht mehr beruhigen würde, dass er das genoss, die Aufmerksamkeit, die Demütigung vor Publikum. Wer den Job hier macht, der muss ihn auch machen können, sagte er, machte einen Schritt auf mich zu, und noch ehe ich antworten konnte, lag er auf dem Boden, ich sehe den Stiefel, der eins – seine Hände, die reflexartig zu seinem Gesicht schnellen –, zwei – die Luft, die aus ihm wie aus einer matten Luftmatratze entweicht –, drei, der dreimal schnell durchzieht und ihn in die Nieren tritt. Und als ich aufblicke, sehe ich Andrea. Ihr Gesicht ist bleich. Sie ist schmal, zierlich kann man sagen. Dreiundzwanzig, glaube ich. Hat ein Kind zu Hause.

Würden Sie wieder so handeln, wird mich die Reporterin fragen und dabei forschend ansehen, als bestünde ihr Job nicht darin, zu berichten, sondern darin, ein Urteil über mich zu fällen. Es gibt Regeln, werde ich sagen, und dass für deren Einhaltung zu sorgen meine Arbeit ist. Aber was Sie getan haben, war couragiert, heldenhaft, wird sie sagen. –Ich habe meine Arbeit getan, ja. –Sie haben eine Kollegin, die einen Reisenden tätlich angegriffen hat, angezeigt. Das habe ich, werde ich sagen. –Ja, das stimmt. Die Branche, in der Sie arbeiten, ist ziemlich in Verruf, wird die Reporterin sagen. Gleichzeitig handelt es sich um eine Branche, die wächst, nirgendwo gibt es derzeit so viele neue Stellen wie im Sicherheitsgeschäft. Es braucht Menschen wie Sie, die dort menschliche Werte vertreten.

Es gibt Regeln, werde ich sagen. Und diese Regeln gelten für alle, alle Mitarbeiterinnen und Mitarbeiter, alle Wartenden, alle. Es sind diese Regeln, die uns zu Menschen machen, der Rest ist Funktion, werde ich sagen. Wenn ich etwas sagen kann, dann ist es, dass nicht ich oder wir die Regeln machen und dass man als Gesellschaft …, aber hier wird mich die Reporterin unterbrechen: Denken Sie, weil Sie eine Frau sind, sind Sie empathischer? Können besser auf andere zugehen, sich besser in die Situation der Wartenden einfühlen? –Dazu kann ich nichts sagen. Ihr Blick wird auf mir ruhen wie der eines lauernden Tiers, sprungbereit, sobald ich mich rege. Aber ich bewege mich nicht. Dass sie mir für das Interview danke, wird die Reporterin sagen, nach einer Minute, in der wir uns schweigend gegenübergesessen haben. –Vielen Dank für das Gespräch. Und dass sie es wirklich gut finde, wie ich mich verhalten habe, wirklich. Wirklich gut.

Ich laufe die Straße hinunter, vorbei an den Silos, biege nach links ab in den Waldweg. Die Sonne steht noch nicht sehr hoch, doch es wird ein heißer Tag werden. Bäume säumen den Weg, ihrer Größe nach zu urteilen sind sie alt, vielleicht hundert? Immer näher wächst die Stadt an sie heran.

Wie gestern Abend bekannt wurde, wird die Nachrichtensprecherin im Radio sagen, gab es in der Abfertigungshalle des neuen Flughafens einen Zwischenfall. Nachdem sich aufgrund der kürzlich verschärften Ein- und Ausreisebestimmungen an der Sicherheitskontrolle lange Schlangen bildeten, kam es zu einem Übergriff einer Mitarbeiterin des privaten Sicherheitsdienstes auf einen Wartenden. Der Mann habe sich davor provozierend verhalten, hieß es. Er befindet sich nach wie vor in ärztlicher Behandlung. Augenzeugen berichteten von Missständen vor Ort: Willkürlich, total willkürlich, es ist keinem Menschen logisch, wie diese Schlange funktioniert. Es ist einer weiteren Mitarbeiterin zu verdanken, dass der Angriff zur Anzeige kam. Im Interview mit unserem Sender sagte sie: Es ist ganz einfach, es gibt Regeln. Und diese Regeln gelten für alle, alle Mitarbeiterinnen und Mitarbeiter, alle Wartenden, alle. Es sind diese Regeln, die uns zu Menschen machen, der Rest ist Funktion.

Ich laufe den Waldweg entlang. Mein Herz pocht und ich schwitze, mir ist heiß, ich zähle trotzdem, einen Hasen, drei Hunde. Auf dem Weg sehe ich etwas liegen, nein, erst höre ich es. Im Vorbeilaufen sehe ich das Vogelnest, darin einen kleinen Vogel, ein Vöglein, das fiept, laut und unaufhörlich. Auf meinem Weg zurück trete ich einmal fest auf den Vogel. Er verstummt, und ich laufe weiter.

Landpartie

Das Feld ist gelb wie Pommes. Wie Quitte? Wie Post-its? –Gelb ist das Feld, wie Dotter! –Oder wie Bier!? –Eher wie Pisse, wenn man viel Bier getrunken hat!

Wir laufen den Feldweg entlang, lassen das Gelb hinter uns, links und rechts steht jetzt hoch der dunkle Mais, sodass man den Ort beinahe nicht mehr sehen kann. Komm, ich will dir was zeigen, sagt Simon und fasst mich bei der Hand. –Im Feld? –Hast du Angst? Nach ein paar Metern bleiben wir stehen. Ich mag dich, sagt Simon und küsst mich dann, seine rechte Hand fasst meinen Nacken, fährt meinen Rücken entlang, packt meinen Po. Und ich? Drücke mich an ihn, küsse zurück, fahre mit der rechten Hand unter sein T-Shirt. Hast du es schon einmal in einem Feld gemacht, frage ich, und Simon lacht. –Was denkst du denn. Wir waren früher ständig in den Feldern, in den Weinbergen, im Wald, in den Wiesen, in ... Dann will ich nicht, sage ich und ziehe meine Hand zurück. –Kuck, es gibt wenig, was ich hier noch nicht getan habe. Aber du bist es, mit der ich das jetzt teilen will.

Auf dem Weg zurück sind wir schweigsam, bis Simon plötzlich sagt: Das ist die Kirche. Obwohl es doch offensichtlich ist. –Und hier sehen Sie den Supermarkt, den Discounter, den Blumenladen. Hier sind die Pizzeria und der Panasiate, und das dort drüben, das ist der örtliche Kondomautomat. Ich muss lachen. –Ein Kondomautomat? Irgendwie retro, oder, sage ich. Und Simon: Gibt da auch Truckermuschis.

Vielleicht wäre das eine Story, sagt Simon. –Was jetzt genau? –Das Haus, ich meine, wie man ein Haus loswird. Wie man es ausräumt, der Verkauf. Dass heute doch alle Immobilien kaufen wollten, darüber gebe es Hunderte von Berichten, aber dass er noch keinen gelesen hätte darüber, wie jemand verkauft. –Das ist doch wirklich ein Problem, dass hier diese riesigen Burgen stehen, aber keiner weit und breit, der in ihnen leben will.

Wie auch, ohne Arbeit, sage ich. Und dass es doch ständig Berichte über das Sterben der Provinz gibt. Dieses Niedergangsnarrativ, schon tausendmal erzählt. Simon sagt, dass er es auch ein bisschen schade findet. –Was jetzt genau? –Dass das Haus verkauft ist.

Ob ich mitkommen wolle, hatte er gefragt. –Wir könnten es eine Landpartie nennen, unseren kleinen Ausflug. –Unter einer Bedingung: Ich darf darüber schreiben. –Und was? Dass ich das noch nicht wüsste, hatte ich geantwortet. Weil ich ja noch nie dort gewesen bin.

Simon hatte zugestimmt und ich uns ein Auto gemietet. –Weißt du, was ich am Autofahren so liebe? Dass die Landschaft an einem vorbeizieht, als wäre sie ein Film. In

Shanghai sind die U-Bahn-Schächte voller Werbebilder, sodass sie im Vorbeifahren einen kurzen Film ergeben, und genauso fühlt es sich für mich jetzt an, die Landschaft ist ein Film, und ich bin ihr Zuschauer. Bloß kein Stillstand. Wird mein Körper durch die Landschaft gefahren, entspannt sich in mir alles, mein Nacken wird locker, meine Glieder auch, ich kann dann gut nachdenken und … –Simon, das Navi sagt, wir sind gleich da. –Stimmt.

Das Haus ist anders, als ich es mir vorgestellt habe.

–Wie hast du es dir denn vorgestellt? –Abgelegener, leerer, einsamer. In deinen Erzählungen klang es immer so, als wäre es das letzte Haus vor dem Waldrand. Tatsächlich reiht es sich nahtlos an das nächste, getrennt bloß durch einen kleinen Garten, wie ein Bild in seinem Rahmen. Die Fenster sind verschmiert. Die habe ich eingeseift, sagt Simon, damit man nicht hineinschauen kann. Er schließt die Tür auf.

In Filmen sind in leerstehenden Häusern immer alle Möbel mit Stoff verhängt. Hier aber steht alles offen: die Kommode, der Spiegel, der Sessel. Als lebte hier noch jemand, der bloß mal kurz weg ist. Und niemals lüftet. Hal-lo, rufe ich, um mich zu versichern. Hallo-o, sagt Simon, küsst mich, und dann: Hier ist die Küche, das Bad und das Wohnzimmer. Oben sind noch zwei Schlafzimmer, eins war mein Kinderzimmer. Dazu noch der Keller und der Dachboden. –Ganz schön dunkel hier. –Das sind die Tannen, die stehen zu nah am Haus. Und dass die Fenster so klein sind, hilft auch nicht, sage ich.

–Ich muss dich etwas fragen! Ja, klar, sage ich und erwarte eine Gewissensfrage. –Wo wollen wir schlafen? In meinem Kinderzimmer oder im Schlafzimmer? Wo willst du denn schlafen, frage ich. Am liebsten im Wohnzimmer, sagt Simon. Weil ich dort noch nie geschlafen habe. –Gibt also doch Dinge, die du hier noch nie gemacht hast.

Wir holen eine Matratze aus dem Schlafzimmer, holen Decken und Kissen und bauen uns ein Schlaflager, eine Insel. Habt ihr das als Kinder auch so gebaut, fragt Simon. –Was? –Höhlen, aus Decken. Klar, sage ich. Und wenn wir mal Kinder haben, werden sie das auch machen. –Bist du sicher? Ich lösche das Licht.

Ob er hier arbeite, frage ich den jungen Mann. Er nickt. Groß ist er, muskulös, sieht gut aus. Seine Haare sind kurz geschnitten, er trägt ein weißes T-Shirt und Jeans. Dass ich Journalistin sei und auf der Suche nach jemandem, der mir etwas über den Schlachthof erzählt. –Wir nennen ihn die Fleischfabrik. Aber darüber sprechen, das dürfen wir nicht, sagt er. Ich sage, setz dich doch trotzdem, ich beiße nicht, und er setzt sich neben mich. Dass er seine Ausbildung noch in einer Metzgerei absolviert habe, sagt er, und dann erzählt er doch:

Du musst wissen, die Hose war weiß, das Hemd weiß, die Schirmmütze auch weiß, und die Schürze, so weiß, und manchmal glaube ich, meine Aufregung, die war auch weiß. Zuerst hat es der Meister noch einmal vorgemacht, hat dem Vieh den Apparat auf die Stirn gesetzt, ganz ruhig sei es gewesen, habe nicht geblinzelt. Dann habe der Meister ihm den Apparat in die Hand gedrückt. Das Metall ganz kalt, habe er vorsichtig die Sicherung gelöst, sei nah an den Verschlag herangetreten und habe beide Arme über die dicken Stangen gehoben.

Als er das sagt, eine Zigarette im Mundwinkel, hebt er seine Arme und schaut mich an, als säßen er und ich nicht auf dem Spielplatz, eine zufällige Begegnung, sondern als wäre ich selbst das Vieh vor dem Schlachter und dies ein Schicksalsmoment.

Ich setze an, sagt er dann, und mir ist, als fühlte ich den Apparat direkt auf meiner Stirn. – Ich setze ab, schaue den Meister an, der mich, setze wieder an, atme ein und halte die Luft an, bis ich dann abdrücke. Dem Vieh sind die Säfte aus Mund und Nase geronnen, während es an den Hinterbeinen schon hochgezogen wurde, zu zweit haben wir das gemacht, und wie die Ruhe vor einem Sturm ist das, sagt er. Diese wenigen Tropfen vor dem Schwall, wenn du dem Vieh dann den Hals aufschneidest, stürzt das Blut dir entgegen, pumpt das Herz um die Wette mit dem Leben, aber du lässt ihm keine Chance, dem Tier, das Schlag um Schlag um Schlag sein Leben aufbraucht, der Körper bald nur mehr Kadaver, während du sein Blut schon in Rinnsalen mit dem Besen vor dir herschiebst. Wenn das Vieh dann gestorben ist, ist der Schlachtraum wieder weiß und sauber. Als hätte es diese Szene nie gegeben. Bis das nächste Tier kommt.

Mit spitzer Klinge habe er durch das Fett gesäbelt, das Fell abgelöst und mit einem Schieber ab damit in ein Loch im Boden des Schlachtraums, darin verschwinde alles, was man nicht essen könne. Dass aus dem Leder ein Autositz werden würde, ein Steuerungsknüppel, ein Gürtel oder ein Schuh, habe sein Meister gesagt, während der abgeschnittene Kopf, an einem Haken aufgezogen, über ihm gebaumelt habe. Als überwache das Vieh seine eigene Verwertung, so hat der Kopf genickt, als würde es sagen wollen, ich sehe schon, du musst es noch lernen, bis ich ihm schließlich die Augen rausgeschnitten habe, sagt der junge Mann, da war das Schauen dann vorbei. – Und wie heißt du? – Radu. Und du?

Als ich Simon beim Kaffee von Radu erzähle, sagt er nur: Du isst doch gar kein Fleisch. – Aber das ist doch trotzdem spannend! Dass vor mehr als hundert Jahren die Menschen in die Stadt kamen, um in die Fabriken zu gehen, dass sie das Dorf und die Landwirtschaft hinter sich lassen mussten, um in der Industrie ihr Geld zu verdienen. Und jetzt, hundert Jahre später? Da produziert die Industrie, was damals noch die Landwirtschaft bereitgestellt hat, aber sie produziert es auf dem Land, keine Industrie mehr in der Stadt. Und das Verrückteste daran ist: Wer arbeitet in diesen landwirtschaftlichen Fabriken? Natürlich die früheren Industriearbeiter, sage ich. Und dass er das doch selbst erzählt habe, dass hier zur Ernte Arbeiter aus Polen kämen und dass in der Fabrik hauptsächlich Rumänen beschäftigt seien. Warum interessiert dich das, fragt Simon, und ich sage: Warum interessiert es dich nicht?

–Weil ich mit anderen Dingen beschäftigt bin. Dieser Schaukelstuhl zum Beispiel, den mochte meine Oma sehr. In dem saß sie mittags, nachdem wir zusammen gegessen hatten, und dann schloss sie ihre Augen, machte ihre Mittagsruhe. Manchmal schnarchte sie dabei laut, und das war mir als Kind ziemlich gruselig. Verstehst du? Ich schüttle den Kopf, was jetzt genau? –Für mich ist das hier mehr als ein Haus mit alten Dingen, ich muss entscheiden, was mit den Resten dieses Lebens geschieht, wo die Dinge ihren Platz finden werden, ob überhaupt. Und jedes Teil hier brüllt, dass ich es doch bitte behalten soll. –Verstehe ich nicht, wenn es dir schwerfällt, dann delegier das doch. –Es ist wie ein Pflichtgefühl, dass ich nichts einfach ungesehen weggeben kann, schon gar nicht auf den Müll.

Ich habe eine Idee, sage ich. Lass uns doch einfach einen Flohmarkt machen. Dass wir Plakate machen können, sage ich, und dass ich Radu bitten kann, sie zu übersetzen, und dass er mir sicher hilft. –Triffst du ihn denn wieder? –Klar, ich will doch seine Geschichte.

Wir malen also Plakate, und Simon erzählt: Als ich ein Kind war, habe ich gern Zirkus gespielt. –Und wie spielt man das? –Wenn ich mich recht erinnere, dann bestand das Spiel hauptsächlich darin, Plakate für die Vorstellungen zu basteln, so wie wir jetzt gerade. Diese Plakate hängte ich im ganzen Haus auf, mit Klebeband an die Bücherwand, die Küchenschränke, die Kommode, an die Schlafzimmertür. Und dann lief ich durchs Haus und rief: Der Zirkus kommt, der Zirkus kommt! Und die Vorstellung, frage ich, was hast du da gemacht? Keine Ahnung, sagt Simon. Weiß ich nicht mehr.

Am nächsten Morgen laufen wir durch den Ort, vorbei an der Kirche, dem Discounter, dem Heimatverein, dem Kondomautomaten und dem Schwimmbad, und überall hängen wir unsere Plakate auf: *Großer Hausflohmarkt! Kleidung, Möbel, Bücher günstig abzugeben! Samstag ab 10 Uhr.*

Als wir am Spielplatz ankommen, sitzt da Radu. Hallo, sage ich. Das ist mein Freund, Simon. Hallo, sagt Radu. Sie geben sich die Hand. Ob er das Plakat auf Rumänisch übersetzen kann, frage ich. –Wir machen nämlich einen Hausflohmarkt, und Simon meint, die Leute aus dem Ort kommen sowieso nicht. Klar, sagt Radu und sieht dabei Simon an. –Mache ich gern für dich. Mega, sage ich. –Du verkaufst dein Haus, sagt Radu dann, und Simon nickt. –Du könntest es auch vermieten. Dass er genug Arbeiter kenne, sagt Radu auch, und dass er ihm helfen könne. –Danke, aber es ist schon verkauft. Wir sind bloß hier, um es noch auszuräumen. Dass er eine Wohnung in der Stadt kaufen wolle, sagt Simon dann, legt seine rechte Hand auf meine Schulter. Und Radu: Reicht es denn dafür, wenn du hier verkaufst? Mit Kredit, sagt Simon, und Radu nickt. –Klar, mit Kredit. Ich weiß schon, was ich mache, sagt Simon.

Später werde ich fragen, warum er so schroff gewesen ist, und Simon wird sagen: Wieso schroff? Bloß entschieden.

Am nächsten Tag treffe ich Radu vor dem Schlachthof. –Erzähl mir doch noch mehr von deiner Arbeit. Erst du, sagt er, und ich: Ich?

Dass ich Journalistin sei, im Volontariat genau genommen. –Volontariat? –In Ausbildung. Man könnte auch sagen: in Ausbeutung. –Warum? –Weil es schlecht bezahlt ist. –Und warum machst du es dann? –Weil es der einzige Weg ist, um irgendwann mal anzukommen. –Und worüber berichtest du so? –Vor Kurzem zum Beispiel gab es einen Vorfall auf dem Flughafen, ein tätlicher Angriff. Da bin ich dann hin, habe ein Interview geführt, es später geschnitten und den Beitrag für die Webseite geschrieben. Macht es dir Spaß, fragt Radu, und ich sage: Ich mag Geschichten, vor allem wenn sie wahr sind. Radu nickt. Ich hab da was, sagt er, kennst du die Felder?

Wir gehen vorbei an der Fleischfabrik, Richtung Süden aus dem Ort hinaus. Links und rechts steht noch immer der Mais. Hier, sagt Radu, und ich kann nicht erkennen, warum. Ich folge ihm ins Feld, und Radu sagt: Siehst du? Ein Stängel ist geknickt, dass schon jemand vor uns da war, sagt er. Bald kommen wir an einer Frau vorbei, gleich nach ihr an noch einer. Was machen die Frauen denn hier, flüstere ich Radu zu, und er: Na, was glaubst du, sie verkaufen Sex. Eine der Frauen sagt etwas zu mir, Radu antwortet ihr auf Rumänisch. –Was wollte sie? –Sie dachte, du willst ihr das Geschäft ruinieren. Aber so einer bin ich nicht, sagt Radu. Noch nie gewesen. –Und wo kommen sie her? –Die Frauen arbeiten auch in der Fabrik, aber den Sommer über stellen sie sich nach der Schicht hier ins Feld, und dann kommen sie, die Schichtarbeiter, aber auch andere Männer. Hat sich rumgesprochen. –Einfach so? –Einfach so. –Und alle wissen es? Radu nickt. –Und was ist im Winter, was machen sie da? –Im Winter backen sie Plätzchen und verkaufen sie. Jede spezialisiert sich auf ein oder zwei Sorten, die sie besonders gut kann, und dann mischen sie und teilen den Gewinn. –Warum sprichst du eigentlich so gut Deutsch, Radu? –Weil ich zur Schule gegangen bin. Und bevor Radu noch etwas sagen kann, küsse ich ihn. Einfach so.

Ich frage: Hast du es schon einmal im Maisfeld gemacht, und Radu sagt: Sagte ich doch, so einer bin ich nicht. Dass es kein Geschäft wäre, sage ich, und jetzt küsst er mich, schüchtern, aber doch. Ich ziehe mein T-Shirt über den Kopf. Was ist, frage ich, weil Radu bloß dasteht. Ich bin verheiratet, sagt Radu. –Verheiratet? Du? –Ja. Und dass er ein Kind hat, einen Sohn. Du bist doch viel zu jung, sage ich. Zweiundzwanzig, sagt Radu, und: Du bist eine schöne Frau. Als ob das hilft. Ich ziehe mein T-Shirt wieder an, wir bahnen uns einen Weg zurück. An der Straße angekommen, sage ich: Ich dachte, du wolltest mich. Auch ich mag Geschichten, sagt Radu.

Wo warst du denn so lange, sagt Simon. Ich dachte, du würdest mir helfen, stattdessen jagst du irgendwelchen Geschichten hinterher. Jetzt bin ich doch da, sage ich. Komm, ich helfe dir. Was soll ich tun? –Ich wollte, dass du mitkommst, damit du siehst, wo ich herkomme. Wollte dir von meinem ersten Kuss erzählen, wo ich Schule geschwänzt habe. Ich wollte, dass du meinen Ort kennenlernst, dass du weißt, wo ich herkomme. Stattdessen suchst du hier in der Provinz nach irgendwelchen globalen Zusammenhängen, nach *der* Story, was für eine Story soll das denn bitte sein?! Tut mir leid, sage ich.

Am nächsten Morgen räumen wir alles vors Haus, Kleidung und Bücher und Möbel und Nippes. Denkst du denn, dass jemand kommen wird, fragt Simon. Und ich sage: Klar, wieso denn auch nicht. Und wirklich, es kommt einer, ein zweiter, eine dritte. Dann kommt Radu mit zwei jungen Frauen. Eine war im Feld, da bin ich mir sicher und kurz überlege ich, ob ich eifersüchtig bin. Während die Frauen stöbern, stellt sich Radu zu mir. Alles okay, fragt er. Und ich: Alles okay. Dass es ihm leidtäte, sagt er. Was jetzt genau, frage ich. Radu schweigt und sieht mich an. Das, wonach du suchst, sagt er, das gibt es hier doch gar nicht. – Und wonach suche ich? – Nach der Bestätigung deines eigenen Blicks. Das ist im besten Fall Voyeurismus. – Und im schlimmsten? – Verdinglichung, vielleicht sogar rassistisch.

Weißt du, sagt er dann, ich bin nicht der, von dem du erzählen willst, der stolze und ehrliche Arbeiter. Meine Biografie ist wie die der meisten hier, wir nutzen das Lohngefälle, weil wir ihm ausgeliefert sind. Ich dachte, du bist Metzger, sage ich. Die Szene, die ich dir erzählt habe, habe ich mal in einem Film gesehen, sagt Radu, so schlachtet doch heute niemand mehr. Weißt du, die meisten in der Fabrik kommen für ein Jahr, vielleicht zwei, man kann das nicht länger machen, weil es dich einfach kaputtmacht, dieser Schichtbetrieb. Wie die Leiber über dich hinweg- und an dir vorbeigezogen werden, in den Hallen hat es keine sechs Grad und es ist feucht von all dem Blut, das die Tiere verlieren.

–Und warum machen das nicht schon längst Maschinen? –Das kannst du nicht automatisieren, die Körper der Tiere sind zu eigenwillig, das Leben zu unberechenbar. Wir selbst werden zu Maschinen gemacht, die routiniert die immer gleichen Bewegungen ausführen, bis wir nicht mehr können, nicht mehr müssen, es nicht mehr schaffen. Ausgetauscht werden dann wir am Band, Moldauer, Ukrainer, Belarussen kommen als Nächstes, bald wird kein Rumäne mehr hier stehen, genauso wenig wie noch Polen in den Feldern oder den Weinbergen.

Wenn du auf der Suche nach den Arbeitern von heute bist, dann musst du auch in die Häuser schauen, in denen unsere Frauen pflegen, in die Krankenhäuser, in die Friseurläden und in die Supermärkte, in die Nagelstudios, die es an jeder Ecke gibt, du musst zu den Lieferdiensten, den Paketdiensten, zu den Flugbegleiterinnen bei den Billigairlines, oder auch zu den Gigarbeitern, den Klickarbeitern, den Ausgelagerten, zu den Reinigungskräften und den Sicherheitsdiensten, zu den Menschen, die das alles hier am Laufen halten. Da wirst du deine Geschichte finden. Mach dir keine Sorgen, sage ich, und dass ich schon weiß, was ich erzählen will.

Wir verabschieden uns.

Simon unterhält sich mit einer älteren Frau. Das ist meine Grundschullehrerin, sagt Simon und zu ihr: Das ist meine Freundin. Sie schreibt über das hier. Und worüber genau, fragt sie mich. – Das sage ich noch nicht. Immer mehr Menschen kommen, die meisten kennt Simon nicht, er sagt: Als gäbe es einen Ort im Ort, der ganz anders ist, als wäre der Ort nicht mehr der, der er einmal gewesen ist. Der Ort schon, sagt die Lehrerin. Bloß die Menschen nicht. Aber das Gute ist, dass die Dinge auch ohne uns weiter bestehen. Dann verabschiedet sie sich. – Alles Gute, Simon.

Später am Abend werfen wir den Rest in die Mulde vor dem Haus. Das leere Haus wirkt seltsam nackt auf mich, sagt Simon, und ich sage, das ist ein schönes Bild, ein nacktes Haus. Ledig, sagt Simon. – Was? Dass seine Großmutter das gesagt habe. – Ein Stück lediges Brot, wenn man es ganz ohne Butter oder Käse gegessen hat.

Was wir verkauft haben: Blusen, Hemden, Hosen und Röcke, eine Kommode, vier Stühle und dazu noch Tische in allen erdenklichen Größen, so viele Tische. Blumenkästen und Erde. Leere Einmachgläser, Tischtücher und Bettwäsche, Teller, Besteck, Kochtöpfe. Ein Sieb, zwei Pfannen, eine Napfkuchenform. Zwei Matratzen. Vier Kissen. Drei Decken.

Was wir wegwerfen: ein Sofa, zwei Sessel, drei Regale, einen Wandschrank, ein Bettgestell und ein Fahrrad. Bücher, Teller, Gläser. Kleidung. Bilder. Einen Spiegel. Einen Klopapierhalter.

Schließlich lassen wir das Haus hinter uns. Wir fahren vorbei an der Kirche, dem Schwimmbad, dem Schlachthof. Die Rückbank haben wir umgelegt, den Schaukelstuhl angebunden. Daneben steht eine Kiste, darin sind ein paar Fotos und ein Wollpullover. Was es mit dem Wollpullover auf sich hat, frage ich. Nichts, sagt Simon. – Ich dachte einfach, dass er schön warm aussieht. Seine Hand liegt auf meinem Oberschenkel.

An der ersten Ausfahrt machen wir Halt, holen uns Kaffee in Pappbechern. Regenwolken stehen am Himmel, aber noch ist es trocken. Bei geöffneten Autotüren stehen wir an beiden Seiten des Wagens, die Kaffeebecher auf dem Dach. Willst du wirklich zusammenziehen, frage ich. – Willst du denn nicht? Doch, sage ich. Und was wirst du schreiben, fragt Simon, als wir auf der Autobahn sind. Eine wahre Geschichte, sage ich. Ein erster Tropfen Regen landet auf der Windschutzscheibe. Im Radio kommt Luis Fonsi. Simon beugt sich vor und dreht den Regler hoch, *Des-Pa-Ci-To*, singen wir beide, als der Refrain kommt, *Des-Pa-Ci-To*, ausgelassen und viel zu laut.

Kirschkernernte

Hier sind drei Euro, sagt Ma, für Abendessen. –Geht mal einkaufe. Öffnet uns die Tür, Klinke runter, ein Luftschwall, drückt uns eine Tüte in die Hand, eine Plastiktüte für zehn Cent. Zehn ist der kleinste Einsatz. Isst du mit, fragen wir. –Na klar. –Sicher? –Sicher gibt es nicht. Ma, die lacht, und die Tür, die ins Schloss fällt.

Wir stehen vor dem Haus, das Licht blendet noch. Unter den Platanen sitzen Menschen und Kinder. Wir laufen die Straße entlang, biegen an der nächsten Kreuzung rechts ab, wir riechen Benzin an der Tanke und Chlor am Eingang zum Hallenbad, dann vorbei am Spielplatz und dann sehen wir schon den Supermarkt. Drinnen ist es kalt, die Härchen an unseren Unterarmen und Waden sträuben sich. Wir nehmen eine Packung Pennenudeln für dreißig, ein Glas grünes Pesto für hundertneunzehn, eine Tüte Aromatomaten für neunundfünfzig und weißen Käse für neunundachtzig. –Macht wie viel? –Zweihundertsiebenundneunzig.

Ma wird nicht nach den drei Cent fragen, die übrig bleiben, weil Ma nicht so gut rechnet wie wir. So machen wir mit jedem Einkauf Gewinn. Das Geld, das wir gewinnen, wollen wir anlegen. Bei null haben wir angefangen, beinahe zweihundert ist unser Guthaben. Später wollen wir ein großes Haus haben, eine Villa mit Pool und mit Seezugang, am Steg ein Motorboot, eine Yacht und einen Jetski, wenn schon, dann! Wir wollen eine Küche mit Marmorplatten, einen Kühlschrank, hoch bis unter die Decke und immer gefüllt. – Zwei! – Was? – Zwei Kühlschränke, zwei wollen wir haben, einen für dich und einen für mich. – Meinetwegen, wir wollen zwei Kühlschränke haben, die bis an die Decke reichen und niemals leer sein dürfen. – Einen Fernseher! – Einen Fernseher, eine Playstation, eine Xbox und eine Wii. – Und einen Computer und ganz viele Kleider! Wir wollen Kleider aus Seide, Kleider mit Pailletten dran, schwarze, weiße, Hauptsache, sie glitzern, und wir wollen auch Hosen, Markenjeans und Markenpullis, Markenschuhe und Markensneaker, Markenalles wollen wir, wir wollen reich werden, später.

Früher spielten wir auf Blumenwiesen, pflückten Klatschmohn und aßen Kirschen mit Zucker, aber nur manchmal. Viel öfter aßen wir Beeren, die wir nahe der Zukunft sammelten, so hieß die Müllhalde am Dorfrand. – Geht mal zur Zukunft, sagten die Großeltern. – Dort findet sich immer was. Zweimal im Jahr fuhren die Großeltern mit uns nach Bangladesch. Das lag im Nachbarort, und bevor wir wussten, dass Bangladesch auch ein Land ist, war es für uns nur eine überdachte Markthalle. Die Großeltern kauften uns T-Shirts und Unterhosen und ein Paar Schuhe, made in India, China oder Turkey. Dürfen wir, fragten wir dann, nachdem wir brav Modell gestanden hatten, nachdem uns Großmutter die Kleider an die Brust gehalten, Großvater uns Schuhe an die Sohlen angelegt hatte. –Dürfen wir, bitte? Und zogen dann los ans Ende der Halle, wo gegenüber der Klos ein Stand voller Spielzeug war, da gab es Puppen und Bagger, alle Arten von Bällen und Schlägern, es gab dort Bauklötze, Buddeleimer, Schaufeln und Rechen, Elefanten und Tiger und Bären aus Plüsch, es gab dort Springseile und Dinge, von denen wir noch nicht wussten, was sie waren. –Geh mal ganz nah ran. Wir schnupperten. Wie Vanillezucker, so roch das Gummi. Das Plastik in unseren Händen fühlte sich weich und glatt an, und mit unseren Augen sahen wir den Glanz und die Lichter. Wenn die Müllhalde die Zukunft war, war Bangladesch das Paradies.

Dann wurde Großmutter krank und lag nur mehr im Bett. Den Zucker streute jetzt der Großvater über die Beeren, und eines Tages, da sagte er zu uns: Eure Großmutter ist gestern Nacht gestorben. Am nächsten Morgen kam dann Ma zu uns. Streng hatte der Großvater sie angesehen und schließlich genickt. –Seid ihr noch nicht fertig? Also beeilten wir uns. Unsere Siebensachen packten wir in einen Koffer, unsere Schuhe zogen wir an, wir sagten: Tschüss, Großvater. Und dass er uns anrufen solle.

Und die Zugfahrt, fragte er am Telefon, kurz nachdem wir angekommen waren. Ging viele Stunden lang, über Prag. Am Vormittag dann sind wir am Hauptbahnhof eingefahren. Da sind wir, hat Ma gesagt. Mit dem Bus sind wir dann in den Süden der Stadt gefahren. –Immer nur runter, seht ihr? Hier ist der Supermarkt, sagte Ma, deutete mit der Hand und: Hier ist der Dönermann. –Döner? Mas Augen leuchteten. –Ihr habt doch bestimmt Hunger. Wir nickten. Nachdem Ma bestellt hatte, sagte sie: Kannst du mir den Schein mal kleinmachen? Das sind übrigens meine zwei Kleinen, strich uns über den Kopf dabei, weil Ma nicht wusste, dass wir das nicht mochten. –Zwillinge. –Der Mann hinter dem Tresen sagte etwas, das wir nicht verstanden. Sagt mal Hallo, sagte Ma. Und wir also: Hallo. Hier, kuckt mal, sagte Ma, als wir den letzten Bissen gegessen hatten. –Was wollt ihr spielen? Ich zeig es euch mal.

Du, Ma, sagten wir irgendwann dann. –Ja? –Wir sind müde. Noch ein Spiel, nur noch eins, sagte Ma.

Was wir dem Großvater nicht erzählten: dass Ma am nächsten Morgen verschlafen hatte, dass wir sie wecken mussten. Dass wir Ma! riefen. –Ma!! –Was denn? Dass wir zur Schule müssten, sagten wir, und dass wir doch gehen sollten, sie. –Ist gestern wieder spät geworden. Womit sie Recht hatte, alle drei waren wir vor dem Fernseher eingeschlafen. –Du musst uns doch die Tür noch aufmachen. Und wie Cinderella stand Ma in ihrem Morgenmantel vor uns, traf mit dem Schlüssel nicht gleich ins Schloss, dann doch, drehte ihn um. Bis später, meine Kleinen, sagte sie und drückte uns je einen Kuss auf die Wange, und wir drehten uns weg, weil sie morgens nicht nach Prinzessin roch. Als wir dann von der Schule nach Hause kamen, war Ma nicht da. Wir warteten vor der Tür. –Wollen wir Hausaufgaben machen? Denn irgendwas muss man ja tun, man kann nicht bloß warten. Also rechneten wir, rechneten weiter, rechneten noch eine Aufgabe und noch eine und noch eine, bis wir fünf Seiten Aufgaben gelöst hatten. Bis Ma endlich nach Hause kam. Sie trug ihr bestes Gesicht, mit Lippen und Wimpern. Wo warst du, fragten wir. Und dass wir schon alle Aufgaben gemacht hätten. –Sogar mehr. Gut so, sagte Ma, ihr roter Mund lächelte dabei. Ihr seid gute Kinder, sagte sie, und dass sie in der City gewesen sei. Wenn ihr schon fertig seid, sagte sie, dann könnt ihr ja mitkommen. Und dass sie noch etwas zu erledigen habe. Wir nickten.

Außen ist die City groß und bunt, in roten Buchstaben leuchtet ihr Name auf der blauen Fassade. Innen ist die City riesig, an den Wänden stehen die Maschinen, in der Mitte ist es leer und dunkel. Während Ma spielte, spielten wir Tanzen. Wiegten unsere Hüften im Takt der Lieder, fassten uns an den Händen, drehten uns schnell im Kreis, bis wir umfielen. Irgendwann dann setzten wir uns zu Ma. Hier, sagte sie. Setzt euch mal ordentlich hin. Sie drückte uns jeder einen Euro in die Hand. Lasst mich mal machen, sagte Ma, und dass sie sich konzentrieren müsse, Arbeit sei das. –Ja, harte Arbeit ist das. Gleich darauf, beim ersten Lauf, jubelten wir. –Habt ihr gewonnen? Das gibt's doch nicht! –Die Kirschen sind in einer Reihe. Stolz waren unsere Rücken durchgedrückt. Ihr Blick prüfend, die Stimme streng. Ihr Doofmätze, sagte Ma zu uns, und wir lernten, dass senkrecht nicht waagrecht ist. Dann lernten wir, dass es noch andere Reihen gibt: Es gibt die gerade Reihe und es gibt die Reihe mit Knick, es gibt Reihen aus drei Bildern, aus vier und aus fünf, das ist der Hauptgewinn. Je mehr du setzt, sagte Ma, desto mehr kriegst du auch. Es ist wie immer im Leben, du musst viel geben, dann gewinnst du auch.

Als der Großvater anruft, sagen wir: Auf dem Weg nach Hause kommen wir an einem Spielplatz vorbei. Dort gibt es ein Gebrüll und ein Gekreische, unfassbar. – Und was seht ihr da? – Wir sehen Kinder, die im Wasser waten, und Kinder, die im Sand buddeln, und Kinder, die warten, um auch mal dranzukommen, an der Schaukel, der Rutsche, der Wippe. Du kannst es dir nicht vorstellen, sagen wir, der Sportplatz ist umzäunt, ein Käfig mit nur einem Eingang, darin sind Kinder, die Bälle fangen, Kinder, die Bälle werfen, einander anrempeln und hinfallen, Kinder, die im Dreck landen und Kinder auf Fahrrädern, auf Rollern, mit Schaufel und Bagger in der Hand. Manchmal auch ein Kind auf einer Bank, das ein Buch in der Hand hat. Und was macht ihr, fragt der Großvater. Nichts, ist unsere Antwort. – Nichts, wobei man sich schmutzig machen muss, nichts, wo man laufen oder sich auf den Boden werfen muss, wir spielen auch nicht mit anderen, wollen nicht warten, wollen nicht anstehen, wollen selbst bestimmen können, wann wir drankommen.

Das sind meine Mädchen, sagt der Großvater. Und eure Mutter? Wenn der Großvater Mutter sagt, werden wir argwöhnisch, denn Mutter ist ein Geheimwort, das Vorsicht bedeutet. Nennt mich Ma, hatte Ma zu uns gesagt, als sie uns abholen kam. Gefällt mir besser, lässt mehr Platz für ein anderes Dasein. Wenn sie nicht unsere Ma ist, heißt sie Natascha. Der Großvater aber spricht nur von eurer Mutter, zieht die Wörter lang, wenn er fragt: Was macht sie, eure Mutter? Dass es ihr gut geht, werden wir sagen. Weil es stimmt. Dass es ihr am besten geht, wenn sie Candy Crush spielt, soll ihn nicht interessieren, genauso wenig, dass sie auch glücklich ist, wenn sie Mountain View spielt, Bubble Craze, Balloonies und Fairy Queen, manchmal auch Lucky Lady's Charm. Dass ihre Lieblingszahl die Sieben ist und ihre liebsten Früchte Kirschen und Zitronen, dass sie Erdbeeren nicht mag, keine Pflaumen und auch keine Melonen. Dass sie das Blinken der Automaten liebt, mehr als alles andere. –Das bleibt unser Geheimnis, hat Ma gesagt. Und wir haben genickt.

Am liebsten gehen wir mit Ma ins Happy Day. Das Happy Day ist hell und liegt direkt an der Straße. Es gibt dort auch Tische und Stühle, wir setzen uns an einen davon und machen Hausaufgaben. Wir rechnen plus und plus und minus und minus, manchmal auch mal oder das mit dem Doppelpunkt. –Hauptsache, das Ergebnis stimmt. Am Ende muss man immer mehr als am Anfang haben. An der Theke arbeitet eine Frau mit kurzen Haaren, auf ihren linken Oberarm ist ein Vogel tätowiert. Was ist das, hatten wir gefragt, als wir das erste Mal da waren. Papagei, sagte sie, und dass es ein Piratenvogel sei. –Bist du denn ein Pirat? Und sie: Nennt mich ruhig Oma. Oma zählt Blech wie Großmutter Kekse, zählt zwei, vier, sechs, acht, zehn, zwölf, so schnell, dass die Augen gar nicht folgen können. Der Busen von Oma ist riesig, liegt vor ihr auf dem Brett, wenn sie am Tresen lehnt. Wir denken, dass es dafür gemacht wurde, das Brett, dass es genau dafür dorthin gebaut worden ist.

Mas Brüste sind klein, beinahe nur Warzen, das haben wir einmal gesehen, als Ma sich umgezogen hat. Die habt ihr mir leergetrunken, alle beide, hat Ma gesagt, und dann hat sie geweint, obwohl wir schwören könnten, es nicht getan zu haben. Doch, doch, hatte Ma gesagt. Doch, das wart ihr, daran könnt ihr euch bloß nicht erinnern. Wir aber erinnern uns, an die Großmutter.

Es gibt im Happy Day auch den, den wir Jack nennen, wegen seines Lieblingsspiels. Er heißt eigentlich Joszef. Josef, sagte Joszef, als wir ihn nach seinem Namen fragten. Weil Joszef kann hier eh keiner aussprechen. Aber nennt mich doch Jack. Jedes Mal, wenn er uns sieht, krempelt er die Ärmel hoch. Kuckt, hier, die Hauptstadt, sagt Jack dann, als hätte er vergessen, dass wir den Fernsehturm auf seiner Schulter schon soundso viele Male gesehen haben.

Läuft wie am Schnürchen, sagt Jack. Heute Morgen hab ich dreihundertfünfzig verzockt, vierhundert hab ich dabeigehabt, geb ich die fünfzig, gewinne ich fünfhundert. Was hab ich also, neun Scheine, neun! Wir nicken, auch wenn Jack nicht richtig rechnen kann. Neun Scheine, ich sag es euch, eher geh ich hier nicht mehr raus, die neun Scheine, das sind meine, das sag ich euch.

Wir trinken Kakao aus Pulver und heißem Wasser. Mach noch 'nen Löffel Pulver ran, sagen wir zu Oma hinter der Theke, wenn sie ihn anrührt, das Geräusch des Löffels am Glasrand mischt sich mit dem Klickern an den Maschinen. Noch einen! Der Kakao ist nur noch lauwarm, dafür knirscht das Pulver an unseren Zähnen, wie wir es lieben.

Als wir vom Einkaufen nach Hause kommen, tragen wir die Tüte in die Küche. Ma, wir kochen jetzt, rufen wir. Keine Antwort. Ma? Schleichen rüber, drücken die Tür sachte auf. Ma? –Was denn! Im Zimmer ist es dunkel. Mas Gesicht ist bildschirmblau. –Hast du Hunger? Ma sitzt auf dem einzigen Stuhl, der noch da ist, vor ihr auf einem kleinen Tisch steht ein Laptopcomputer, die Lautsprecher hochgedreht. Vor einer Woche hat Ma das Sofa verkauft, drei Stühle, den Esstisch, eine Kommode. Auch die Gläser aus Kristall und ein Bild von zu Hause. Die Spitzendeckchen, die Spitzendeckchen auch, hat Ma gesagt. Ach was, hat der Mann geantwortet, der alles mitgenommen hat, wer braucht die schon. Was Ma dafür bekommen hat, wollte sie uns nicht sagen. Und ob sie davon noch etwas übrig hat, wissen wir auch nicht. Das alles wäre in Ordnung, hätte sie nicht den Fernseher verkauft. Denn wir lieben Disney, kucken die Videos immer und immer wieder. In der Schule nennen sie uns Fernsehkinder. Sie sagen: Weil ihr sprecht wie Disney-Prinzessinnen. Zumindest gibt es noch den Laptopcomputer. Seit drei Tagen hat Ma nun das Haus nicht verlassen, war nicht im Happy Day, nicht im Vulkan und auch nicht in der City. Was gibt's denn, fragt Ma. Wir sagen: Pennenudeln. –Ihr seid die Besten, die besten Kinder, die man sich wünschen kann.

Wir teilen uns die Arbeit, weil wir zwei sind. Wir bringen das Wasser zum Kochen und leeren die Pennenudeln hinein. Weil es kein Salz mehr gibt, nehmen wir den letzten Brühwürfel. Wir schneiden die Tomaten in Hälften und den Käse in Stücke. Wir gießen die Nudeln ab und lassen sie in den Topf zurückgleiten. Wir mischen die Pennenudeln, das Pesto, die Tomaten. Zum Schluss kommt der Käse drauf. Dann rufen wir: Essen ist fertig! Aber Ma kommt nicht. Was das heißt, wissen wir. Ihr Blick klebt am Bildschirm. Manchmal flucht sie, aber immer leise, weil sie nicht will, dass wir sie hören. Weil sie nicht will, dass wir wissen, dass sie doch wieder Kirschen erntet. –Wirst du später Hunger haben, rufen wir laut. –Ja, später!

Mas Stimme klingt fern, als wäre sie auf einem anderen Planeten. Trotzdem sind wir erleichtert, denn fünfundvierzig ist durch drei teilbar, fünfzehn Pennenudeln also auf jeden Teller, zwei Mal sieben Tomatenhälften, einmal acht. Wie viel sind drei Glocken, fragt die eine, während die andere genüsslich eine Nudel in den Mund nimmt. –Hundert. Und wie viel zwei Kirschen? –Weniger. –Drei Orangen? –Mehr. –Mehr als was? –Als die Kirschen natürlich. Nachdem wir gegessen haben, spülen wir die Teller, den Topf, das Sieb und das Besteck. Dass wir schlafen gehen, rufen wir ins Wohnzimmer. –Ist noch Essen da?

Wie Schneewittchen sieht Ma jetzt aus. Im Kühlschrank, sagen wir, da steht noch ein Teller mit Pennenudeln. Es ist der Teller mit den acht Tomatenhälften, aber mit weniger Käse darauf. Man kann nicht immer gewinnen, das sagt Ma auch.

Wir liegen eng auf einer Matratze, die andere ist verkauft. Das wohl breiteste Bett der Welt, hat Ma gelacht und uns ein wenig an den Füßen gekitzelt, nachdem wir beschlossen, uns quer zu legen. Nachts rollen wir unruhig im Schlaf, wir träumen von Hügeln und Feldern und Hasen. Im Traum fragen wir Ma, ob wir den Hasen behalten dürfen. Meinetwegen, sagt Traum-Ma. Sie sieht blass aus. Wo ist er her? Von der Wiese, sagen wir, von unter dem Kirschbaum. Wir wollen den Hasen Zeko nennen, und Traum-Ma sagt: Wieso das denn? Bevor wir antworten können, klingelt der Wecker.

Wir stehen auf, putzen uns die Zähne, ziehen unsere Kleider an. –Willst du die Haare geflochten? –Ja. Also flechten wir uns die Haare zu Zöpfen. Habt ihr noch Essensgeld, sagt Ma, die plötzlich in der Tür steht. –Nein. –Ihr habt doch sicher noch welches. Nein, sagen wir. –Müsst ihr denn immer aus einem Mund sprechen? Wir schütteln die Köpfe, um nicht aus einem Mund zu sprechen. Was ist mit den Reserven? –Welche Reserven? Dass sie genau wisse, dass wir noch einen Schein gebunkert hätten, zumindest einen. Ich weiß es, ruft Ma. Dass wir nichts haben, sagen wir. Keinen Cent. Dass ich nicht lache, sagt Ma, jedes Mal, wenn ich euch einkaufen schicke, bleiben doch drei Cent übrig, denkt ihr, ich weiß das nicht, weiß nicht, wie die Preise sind? Und wie oft ich euch einkaufen schicke? Denkt ihr, ich weiß nicht, dass ihr bunkert? Wir sehen uns an. Es ist doch gut, wenn ihr spart, meine Täubchen. Ihr Tonfall jetzt Zucker. Dass sie es sich bloß ausleihen wolle, sagt Ma. Bloß bis heute Abend. Spricht von Zinsen und Zinseszins, und dann doch: Jetzt aber her damit. Und weil sie ihre Hand hebt, denken wir: besser das Geld aus der Hand als die Hand im Gesicht. Also kramen wir in unseren Rucksäcken, sagen: Hier. Was wir haben, ist ein Haufen Blech. –Mehr habt ihr nicht? Wieder kucken wir einander an, sagen: Nein, Ma, und dass es uns leidtue. Mehr ist nicht.

Würde der Großvater anrufen, würden wir sagen: Ma zu rechnen fällt uns nicht schwer. Wir würden sagen: Ma ist wie das Einmaleins, man muss das Unbekannte nur in Bekanntes aufteilen. Ma, wir sehen dich doch. Nur manchmal wird Ma trübe, zerläuft. Wir aber sind gute Mädchen, würden wir dem Großvater sagen, und dass wir unsere Hausaufgaben machen, täglich, auch den Einkauf. Dass wir kochen, putzen, Wäsche waschen. Und dass wir sparen, so gut es geht, für später, für die Villa, für bessere Zeiten, und für schlechtere auch. Dass wir sparen, weil wir sparsam sind. Genau das würden wir sagen, wenn er nur endlich anriefe, der Großvater.

Ein Fahrradfahrer fährt an uns vorbei. An der Lenkstange ist eine Kiste angebracht, auf deren Kante sitzen, wir schwören, eins, zwei, drei vier, fünf, sechs, sieben, acht, acht bunte Papageien. Wie Passagiere werden sie anderswohin gebracht. Das müssen wir Oma erzählen, sagen wir laut und denken dabei trotzdem an die Großeltern.

Was für ein hässlicher Ort, sagen wir, als wir am Spielplatz vorbeikommen. Was für ein hässlicher Ort! Und: Wie kann man seine Kinder da nur einsperren. Wir sehen einen Jungen, der ganz allein da ist. Er ist etwas jünger als wir. Hockt neben der Buddelkiste, blickt nicht auf, bis wir vor ihm stehen. Was machst du da? Muss die Regenwürmer am Wegkriechen hindern, sagt er. Widerwillig, hebt den Kopf nicht, als gäb's bloß das Unten. – Und warum? – Ist ein Spiel. Das soll ein Spiel sein?! Spielplatz ist für Babys, sagen wir, und noch ehe der Junge etwas sagen kann, sagen wir: Weg da. Ksch! Nun mach schon. Da spielen jetzt wir. Der Junge sieht uns an, steht auf: Selber Babys. Dann geht er. Am äußeren oberen Rand der Buddelkiste liegen ein paar schwere Steine. Wir heben sie auf, drücken den dicksten davon mit unseren Händen zur Seite. Der Sand darunter ist festgedrückt, wir kratzen ihn mit den Fingern auf. Unter dem Sand kommt jetzt der metallene Schraubdeckel zum Vorschein, wir buddeln weiter, bis das ganze Glas freigelegt ist. Das Etikett ist aufgeweicht, nur mehr wir wissen, dass darauf Kirschen waren. Wir schweigen feierlich, als wir den Deckel öffnen.

Wir kennen Blech, wir kennen Gold, und es gibt drei Farben, in denen wir Geld besitzen. Wie Ma immer sagt: Auch das Blech muss man behalten. Weil auch Blech und Blech ein Batzen Gold sein kann.

Das Blech kann sie haben, flüstern wir. Dann nehmen wir die Münzen aus dem Glas und auch die Scheine. Streichen jeden einzeln glatt. Den ganzen Abend werden wir an unseren Fingern riechen, denn der Geruch von Geld, der bleibt haften. Jetzt aber falten wir ein Schiff und ein Boot aus den kleinen Scheinen, wir legen die Münzen zu Bürotürmen, und zu einem Haus knicken wir den einen, den großen, eine ganze Stadt bauen wir uns aus dem Geld, unsere ganz eigene.

Automatenglück

Hi, my name is Gigi, sagt sie, als ich das Zimmer betrete, und gleich noch einmal, als Elektra im Türrahmen erscheint: Hi, my name is Gigi. Frag sie was, sagt Elektra, und ich flüstere: Was denn? Irgendwas, sagt Elektra, ihre Stimme nun auch gesenkt, frag sie irgendwas. Ich räuspere mich. – Arbeitest du gern, Gigi? Du sprichst Deutsch, sagt sie, als ob das eine Antwort wäre. Ihre Stimme klingt süß, wie Plätzchen in einer Blechdose. Arbeitest du gern, frage ich und spreche jede Silbe extra laut und deutlich. Elektra hinter mir kichert. – Arbeit, ich verstehe nicht. Gigi lächelt aus ihrem Puppengesicht. Kannst du es mir erklären, sagt Gigi, und dabei klimpert sie mit ihren Wimpern in einem Augenaufschlag, der unserem tatsächlich in nichts nachsteht, in nichts. Arbeit, sage ich, Arbeit ist, wenn du etwas tust, wofür du bezahlt wirst. – Bezahlt? Das Wort kenne ich nicht. Bitte erkläre es mir. Wenn du Geld bekommst, sagt Elektra. Euros, Eulettis, Eulen, die Kohlen, kannst auch Kies oder Schotter dazu sagen, halt einfach Geld. Jetzt wiederholt Gigi: Geld. Ja, Geld, das kenne sie. Dabei dreht sie ihren Kopf leicht, wendet ihr Gesicht Elektra zu. Wenn du die Bedürfnisse anderer Leute zu deinen eigenen machst, sage ich, und dich dafür bezahlen lässt. Dann nennt man das Arbeit, Ar-beit. Verstehst du? – Ja, ich verstehe. Gigi führt ihre Hand vor den Mund, um zu zeigen, dass sie verlegen ist. Und ich denke, dass sie noch viel lernen muss, wenn sie ihren Job hier gut machen will.

Das Zimmer, in dem Gigi untergebracht ist, liegt im ersten Stock. Wir nennen das die Beletage, manchmal auch die Premier League. Ausnahmslos jeder Gast läuft einmal bis ganz nach oben, will uns alle einmal gesehen haben, aber die meisten gehen doch wieder an den Anfang zurück. Auf der zweiten Etage arbeiten die Frauen, die schon länger hier sind, und oben, ganz oben, da sind die Studios. Die Fenster von meinem habe ich beim Einzug mit Folie abgeklebt, nach außen glänzt sie silbern, nach innen ist sie mattschwarz, auch die Wände habe ich schwarz gestrichen. Ganz schön dunkel, hat Ede gesagt, und ich: Hast du schon mal von 'nem Dungeon gehört, der nicht dunkel ist? – Und was machst du rein? In die Mitte, habe ich geantwortet, stelle ich ein großes Himmelbett, schweres Holzgestell mit Stahlringen, Maßanfertigung, kein Ikea. Das Andreaskreuz rechts, den Schrank für die Toys links in die Ecke, einen Tisch und zwei Stühle an die Tür. Das ist mein Reich, wo mein Wille geschehe, habe ich gesagt, und Ede hat den Kopf geschüttelt. Außen an der Zimmertür habe ich eine Plakette angebracht, *Lady's Dungeon*. Willst du reinkommen, wir könnten es schön hier haben, hat Elektra auf meine Frage danach, wie sie ihre Gäste anspreche, gesagt. Und ich gelacht, das sagst du wirklich? –Klar, wieso nicht. Was sagst du denn? Lady fragt nicht, habe ich gesagt, Lady befiehlt. Und diese Lady bin ich. Vor meiner Tür steht ein Hocker, und auf dem Hocker warte ich. Warten ist der eine Teil unserer Arbeit, Putzen der andere, und dazwischen passiert der Sex, den alle anderen unsere Arbeit nennen.

Der Laden gehört Ede, der ein wolliger Mann ist, hat mehr Haare auf der Brust als auf dem Kopf, so ist das, hat er gesagt, wenn einer viel Testosteron hat. Seine Bürozeit ist fünf Uhr nachmittags bis vier Uhr morgens, am Wochenende länger. Unsere Arbeit teilen wir uns frei ein, ich sag mal so, hat Ede gesagt, je nach Bedarf müsst ihr eben da sein. Von Ede mieten wir die Zimmer, die meisten wochenweise, bloß die Studios haben Verträge für länger. Nicht zahlen gibt's nicht, ist sein Motto, und besser ist es, man hält sich daran.

Dann gibt es noch Alex. Manchmal schläft er während der Arbeit ein, sitzt in seinem Drehstuhl, mit der Sonnenbrille auf der Nase. –Ist zur Tarnung. Dein Job, habe ich ihm gesagt, ist es, auf uns aufzupassen. Und er? –Keine Sorge, Lady, ich habe alles unter Kontrolle. Während er so dasitzt, stundenlang, fällt ihm manchmal der Kopf auf die Brust, tropft ihm Speichel aus dem Gesicht. Ganz schön erbärmlich, aber ich mag ihn trotzdem. Vierundzwanzig Stunden täglich flackert der Bildschirm vor ihm, zwölf Bilder für zwölf Zimmer. Manchmal ist auch Alex' Bruder oder Kollege oder Cousin da und vertritt ihn. Alex hat eine Tochter, drei Jahre alt, mein Augenstern, sagt er, wenn er von ihr erzählt. Und er erzählt viel, wenn er wach ist. Mein Mädchen, sagt er, ist wunderschön. Und clever! Wird mal Medizin studieren, oder Immobilien. Weil Sterben und Wohnen, das muss man immer. Wird viel Geld verdienen und in einem großen Haus wohnen, erzählt er. Ein Haus, so groß wie dieses.

Genau genommen sind wir ein kleines Haus. Die richtig großen Häuser stehen am Stadtrand, an Autobahnausfahrten, in der Nähe eines großen Parkplatzes. Unser Haus liegt zentral, in der Nähe des S-Bahnhofs, es gibt einen Bäcker, in Laufnähe auch einen Supermarkt. Ein Laufhaus, hat Ede gesagt, als ich eingezogen bin, das ist wie ein Taubenschlag. Die Einen gehen, die Nächsten kommen. Das mit dem Bleiben, na ja. Trotzdem hat er zugestimmt, als ich nach drei Monaten meine Miete noch immer bezahlen konnte, und wir haben einen Vertrag gemacht, nicht nur per Handschlag. Solang es läuft, kein Problem, sagt Ede und: Wenn du über dreißig bist, hast du Stammkunden oder keine Chance, das sag ich dir, und recht hat er. Meinen Namen habe ich mir in einem Club gemacht, außerdem online Anzeigen geschaltet, da finden einen schon die Richtigen. Ab und an habe ich auch Laufkundschaft, weil sich eben manchmal einer nach oben verirrt, der von seinen Neigungen noch gar keine Ahnung hat, bis er dann vor meiner Tür steht. Zwischen den Studiozimmern liegen eine kleine Küche und ein extra Bad. Das alles gehört uns, Elektra und mir.

Jedes Laufhaus, hat Elektra einmal zu mir gesagt, jedes Laufhaus braucht eine Dame und hier bei Ede, da bin ich das. Mehr als dreißig Jahre, hat sie gesagt, als ich sie gefragt habe, wie lange sie schon dabei ist, und schon zehn bei Ede. Den Samstag beginnen Elektra und ich mit einem Becher Kaffee vom Bäcker nebenan. Frischware, fragen wir dann Alex, und der antwortet, zum Beispiel, Zimmer 3. Also gehen wir uns vorstellen. – Ich bin Elektra. – Und mich nennst du Lady. Julie, sagt die Neue dann, Schü-lie, oder Bella oder auch Angel oder Britney. Wir arbeiten in einer Welt der selbstgewählten Namen. Wenn du Probleme hast, sagen wir dann, kommst du erst mal zu uns. – Gibt keine Probleme, die wir nicht lösen können, okay?

Und jetzt also Gigi. Fass sie mal an, sagt eine, die ganz neu sein muss, weil ich ihren Namen noch nicht kenne, fass ihr doch mal an die Titten. Niemand bewegt sich. Sie lacht, macht einen Schritt auf Gigi zu. – Was für schöne Nippel! Fühlen sich an wie meine, sagt sie, und dass es kein Wunder wäre, alles Silikon, alles. Was für zarte Haut, unglaublich, sagt jetzt auch Bella. Gruselig, sagt Mascha. Wie weich sie ist, Haare nur da, wo Mann auch welche haben will, sagt Lucy, die muss nichts tun, um glatt zu bleiben, gar nichts. – Und Gummi braucht die auch keinen. – Aber wo geht der ganze Saft dann hin? – Muss der Kunde sie selber wieder saubermachen, seine Wichse wieder abwischen? – Kann sie überhaupt wichsen? – Und kann sie blasen? – Und wie fühlt sich ihre Muschi an?

Das ist die eine große Frage: Sind Gigis Löcher wie

unsere? –Meinst du, man kann sie auch in den Arsch ficken? Und fühlt sich das Loch dann auch anders an? –Was soll denn das? Ede drängt sich plötzlich durch den Pulk und stellt sich schützend vor die jetzt leise stöhnende Gigi. Was macht ihr hier? Man wird sich doch noch vorstellen dürfen, sagt Elektra, machen wir doch immer. –Aber nicht mit Anfassen! Oder macht ihr das etwa auch immer? Wenn du Hallo sagen willst, dann sag Hallo, meinetwegen, aber nimm deine Finger dabei aus der Puppe, sonst hat eine von euch hier gleich Putzdienst! Putzdienst, sagt Elektra. Träum weiter. Und das Ding da … –Gigi, ihr Name ist Gigi, und sie ist jetzt deine Kollegin. Ab heute arbeitet sie auch hier, alles klar, sagt Ede. Und wie viel verlangt sie, fragt Lucy. Verlangen tut die gar nichts, sagt Ede. Das regelt Alex. Wird Alex jetzt ihr Pappone, oder was, fragt Lucy. Quatsch, sagt Ede, und dass er sich das noch überlegen müsse. Es ist ein Versuch, sagt er, mal sehen, ja?

Was die folgende Woche bringt: einen ersten Tag ohne Arbeit für Gigi. Ede, der über dem Tresen in der Bar ein großes Plakat anbringt: Komm mit Gigi in die Zukunft! Angebot zum Kennenlernen! Einen ersten Kunden für Gigi, einen zweiten, einen dritten. Gigi, die dazwischen von Alex gereinigt wird, einen feuchten Lappen zwischen die Beine kriegt. –Und weiter geht's. Die Nippel, vergiss nicht die Nippel, ruft Ede im Vorbeigehen. Alex, der nicht mehr schlafen kann. Alex, der missmutig ist, Alex, der Bella bittet, Gigi die Nägel frisch zu machen, wenn du schon dabei bist, auch die Füße. Bella, die nicht weiß, ob man Nagellackentferner auch für Silikon nehmen kann. Alex, der es auch nicht weiß, und Gigi, die so bleibt, wie sie ist. Gigi, die ihr Zimmer nicht fegen muss, weil ihr das Zimmer gefegt wird. Ede, der Gigi Geschichten erzählt, damit Gigi lernt, Geschichten zu erzählen. Gigi, die Geschichten erzählt. Sie habe eine Tochter zu Hause in Ungarn, so geht das einen ganzen Tag lang, jedem, der es hören will, erzählt sie es, und auch jedem, der bloß ein wenig zu nah an ihrer Tür vorbeigeht: Ich komme aus Ungarn, und du? Budapest, sagt sie und spricht es Bu-da-pescht aus. Budapest, da musst du unbedingt einmal hinfahren. Dóra, die sauer ist, weil Gigi ihr den Satz geklaut hat. –Was sag ich denn jetzt, Debrecen, oder was? Kennt doch keiner. Gigi, die lacht, wenn man sie kitzelt, die mit ihren Wimpern klimpert, die mehr Sprachen spricht als wir alle zusammen. Gigi, Gigi, Gigi.

Ede kommt die Treppe hoch. –Habt ihr ’nen Kaffee? Und mit der Kaffeetasse in der Hand ans Geländer gelehnt: Ich weiß auch nicht, wenn ich sie zu billig mache, sind mir die Mädchen sauer, weil sie ihnen das Geschäft versaut, und wenn ich sie zu teuer mache, teurer, als sie selbst ansagen können, dann sind sie auch sauer. Was meint ihr? Elektra und ich tauschen Blicke aus. Keine antwortet. –Warum hast du sie denn angeschafft? –Man muss den Kunden das ganze Spektrum bieten. Immer habe ich dunkle und helle Mädchen, kucke, dass auch eine Asiatin da ist, dass es eine Dicke gibt, und solche wie ihr beiden, für die Spezis. Man nennt das Mischkalkulation, sagt Ede. Ich bin doch Geschäftsmann, sagt er, und dass man flexibel bleiben, dass man mit der Zeit gehen müsse. Warum auch sollten die Maschinen gerade vor uns Halt machen, sagt Elektra laut, und Ede nickt seiner Tasse zu.

Gibt's noch Kaffee, fragt Lucy. Kannst aber auch mal 'n Euro dafür dalassen, sage ich, so oft, wie du da bist. Keine Kunden? Lucy schüttelt den Kopf, schnaubt, sagt dann: Sie ist anders als wir. Na, das hoffe ich doch, sagt Elektra. Die hat keine Geschichte, sagt Lucy, war nie strippen, nicht auf der Straße, in keinem Plüschpuff war die, oder Escort, meinetwegen, oder Fotos. Die war nicht da, als wir angefangen haben, sagt Lucy in Elektras Richtung, als es noch verboten war. Die ist auch nicht dafür auf die Straße gegangen, dass wir arbeiten dürfen wie jeder andere. Nicht mal anmelden lassen muss sie sich. Weil sie eine verdammte Maschine ist, ein Haufen Blech mit Silikon dran, Drähte und Schrauben und Gewinde und was weiß ich, und plötzlich soll die mehr verdienen als ich? Die versaut uns doch das Geschäft, sagt sie. – Und alles, was sie verdient, geht direkt an Ede. Da braucht er uns doch gar nicht mehr.

Ach was, sagt Elektra, jetzt übertreib mal nicht. Du musst sie als Entlastung sehen. Ihr schickt ihr zum Beispiel einfach die, deren Sprache ihr nicht versteht. Oder die Stinker, sage ich. Genau, die Ekeligen, sagt Elektra, die bekommt jetzt Gigi. Die Dreckigen, die auch dann nicht verstehen, dass sie sich für uns nicht nur die Hände waschen sollen, wenn wir sie ans Waschbecken schicken. Und die alten Säcke, die ihn nicht mehr hochbekommen oder die ewig brauchen und dann nicht zum Ende kommen. Ihr schickt ihr alle, die ihr nicht haben wollt, ganz genau so macht ihr es, sagt Elektra in einem Tonfall, als wäre Lucy zwar eine nette Schülerin, aber doch etwas langsam. Und dann, sagt Lucy, wer bezahlt uns dann noch? Bleibt doch keiner übrig, ich bin doch nicht zum Spaß hier, sondern zum Geldverdienen, sagt's und dreht sich auf dem Absatz um. –Ihr werdet es auch noch sehen! Und dass sie jetzt zu Alex gehe, um sich zu beschweren, jawoll, und wenn der wieder schlafe, dann gehe sie eben direkt zu Ede.

Ach, sagt Elektra. Es ist, weil sie nur Massage macht. Das ist wie Aldi, da braucht es jede Woche ein neues Angebot. Seit Lucy hier ist, haben doch schon zehn andere Massage gemacht. Céline und Vanessa, die andere Céline, Maruschka, diese Baby. Und Dóra. Die Hälfte von denen ist schon wieder weg. Und dass es so sei, sagt Elektra, bisschen wichsen und fertig, das langt halt nicht mehr. Da muss sie sich aufraffen, sagt Elektra, und dass Lucy früher auch noch alles gemacht habe. Aber eben nicht mehr, seit sie das Kind hat, sage ich.

Wer hier sein Geld verdienen will, der muss schon mehr anbieten, wie du und ich, sagt Elektra. Weil wir wissen, dass nicht nur Handarbeit zählt, sondern die richtige Geschichte. Man muss schon beweglich sein, sage ich. Biegsam. Und eine wie Gigi, die ist nicht nur biegsam, die ist elastisch bis zum Durchgebogensein. Elektra nickt. –Also, was machen wir?

Immer will Elektra helfen, weil sie eben fürsorglich ist. Wenn eine Kollegin erkältet ist, kocht Elektra ihr Tee, und der Nachbarin im Wohnhaus macht sie schon mal den Einkauf, weil die nicht mehr so gut zu Fuß ist. Einmal hat sie einen Vogel gefunden, der war aus seinem Nest gefallen, den hat sie zu sich genommen und mit Milch aus der Spritze aufgepäppelt, und als ihre Kinder noch klein waren, da hat sie jeden Abend, ausnahmslos, zwei Fünf-Euro-Scheine zu Tieren gefaltet, Löwe, Kranich, Katzengesicht, und die Geldtierchen dann ihren Kindern auf den Nachttisch gelegt. Was soll ich denn backen, hatte Elektra gefragt, als sie mir davon erzählte, was soll ich denn backen, wenn es der Bäcker so viel besser kann. Und dass sie ihren Kindern immer gesagt habe, dass sie Menschen helfe, ich verschaffe ihnen Erleichterung. Und jetzt sagt sie, man müsse es Lucy noch mal klarmachen, dass Sex so viel mehr ist, dass Gigi gegen uns keine Chance hat.

Der erste Kunde des Tages heißt Ronald. Jeden Freitag kommt er in der Mittagspause, lässt sich immer dieselbe Geschichte erzählen: Ich bin die Chefin, und er hat etwas falsch gemacht. Während er in der Dusche ist, verrücke ich den Tisch. Ich ziehe ein Kostüm an, mit Bluse und Rock, dazu geschnürte Lederstiefel. Knie dich hin, sage ich, als er aus der Dusche kommt, und packe ihn an seinem Schlips, den er sich extra dafür umgebunden hat. Unter den Tisch mit dir, wo du hingehörst. Auf die Tischplatte tippe ich mit einem Stift. Tock-tock-tock, klingt es in seinen Ohren, während ich mit meinen Schenkeln sein Gesicht in meinen Schoß presse. Laut stöhne ich, während ich dem Zeiger auf der Wanduhr folge, bis ich schließlich sage: Das hast du gut gemacht. Und weil du so gut gearbeitet hast, will ich dich belohnen. Dann springt er auf den Tisch, und ich wichse seinen Schwanz. Hat Ronald am Monatsanfang etwas mehr Geld übrig, dann kauft er sich, dass er auf meine Stiefel spritzen darf. –Na, Ronald, willst du? –Heute leider nicht. Eine halbe Stunde dauert das. Dann wasche ich Wäsche, lackiere mir die Nägel, warte, dass sie trocknen, während Elektra einen Kunden anspricht.

Der Mann hat einen Bauchansatz und schulterlanges Haar, sein Bart ist struppig und von ersten weißen Strähnen durchsetzt. Aber wenn er lacht, sieht er jünger aus. Was kann ich für dich tun, fragt Elektra. Und er? Macht einen Schritt auf sie zu. –Was gibt's bei dir? Bei mir bekommst du alles, was du willst, sagt sie, weil ich Ahnung habe, weil ich's dir richtig gut besorgen kann. Ich rieche, dass er Currywurst essen war, der Imbiss ist eine Straße weiter, manchmal gehe ich nach der Arbeit noch dorthin, wenn ich richtig großen Hunger habe. Sag mir, was du machen willst, sagt Elektra. Und er: Langweilig, die Puppe. –Wer? –Na, dieser Roboter! Die sagt zwar: Nein, bitte nicht. Aber reglos ist die trotzdem, lässt dich einfach rüber. Das ist doch eine Verarsche, kann sich nicht mal sträuben, kann die. Da frag ich den Macker: Mach mal 'nen andres Programm rein, sogar bitte sage ich. Aber egal, welches Programm läuft, was die nicht kann, kann sie nicht. Alles muss man bei der selber machen. Du Armer, sagt Elektra, komm, ich kümmere mich richtig um dich.

Nachdem ich meine Stiefel und mein Korsett gereinigt habe, den Boden gewischt, die Handtücher aufgehängt, nachdem die Toys desinfiziert sind und das Bett frisch bezogen, ziehe ich mich um. Elektra ist schon gegangen, die Tür neben meiner abgeschlossen, als ich den Schlüssel im Schloss umdrehe. Auf dem Weg nach unten laufe ich an den anderen Frauen vorbei, Dóra bügelt, Vanessa rasiert sich. Mach doch die Tür zu, sage ich, musst ja nicht jeden hinter die Kulissen schauen lassen. Und Lucy, sehe ich, die hat schon wieder nicht gefegt. Da ist Angel, die ein Sandwich isst, und Kati, die in einem Magazin blättert, Beckenboden, höre ich Céline zu sich selbst sagen, den musst du trainieren.

Kurz bevor ich Alex' Kammer erreiche, Alex, von dem man sich immer verabschiedet, höre ich ein Geräusch, als würde ein Drucker heißlaufen. Ich gehe noch einmal an der Tür vorbei, jetzt langsam, aber nichts. Ich schalte das Licht ein und da sehe ich sie. Reglos, stumm, ihr Gesicht! Alex, rufe ich. Mensch, Alex. – Was? – Komm! Gigi, sage ich, jemand hat Gigi … – Was denn? Und dann: Ach du Scheiße! Etwas angetan, denke ich. Alex, der jetzt neben mir steht, und ich: Scheiße. Ihre Augen, ausgestochen. Und die Nase, ist da ein Stück ab? Gigi ist zerpflückt, ihre Brüste, ihre Nippel, ihre Muschi, aufgeschlitzt, als hätte jemand sie mit einem Messer attackiert. –Warum hast du nicht aufgepasst? Wir müssen es Ede sagen.

Ede sagt: Scheiße. So kann ich die nicht brauchen, so will die doch keiner mehr haben. Ist sie Hausmüll oder kommt sie in die Gelbe Tonne? Dass Ede das ernsthaft gefragt habe, sage ich zu Elektra, und Elektra sagt: Geht gar nicht. Er kann sie doch nicht einfach in die Tonne kloppen. –Aber was soll er sonst machen? Ede, sage ich also, und Ede ruft beim Hersteller an. Fünftausend, sagt Ede dann, neues Gesicht, Silikon aufpolstern, Handmechanik reparieren, kann auch mehr sein, sagt er, plus Frachtkosten und Versicherung. Dass ich das mit Elektra besprechen muss, sage ich. Elektra? –Ja? –Mindestens fünf Grande, wahrscheinlich mehr. Dass das ein Batzen Geld sei, sagt sie. Aber es muss sein, sage ich. In jeder Pause gehen wir also durchs Haus. –Hast du mal 'ne Minute? Wir müssen über Gigi reden. Und jeder Kollegin sagen wir, dass Gigi unsere Hilfe braucht, stell dir vor, sie wäre deine Zimmernachbarin. Und Kati nickt. Angel auch. Dóra muss ich richtig lange bequatschen, aber als ich beschreibe, wie Gigi ausgesehen hat, da schluckt sie. Fuck, sagt sie. Céline will es sich überlegen, aber das sagt Elektra den anderen nicht. Und dann Lucy. –Was hast du gesagt? Ich habe gesagt: Kuck mal, Lucy, sagt Elektra, wenn du das gewesen wärst, dann würden wir dasselbe jetzt für dich tun. Es geht nicht an, dass hier bei uns, dass da jemand eine von uns angreift. –Aber sie ist keine von uns, sie ist eine Puppe, eine verdammte Maschine! –Eine

Maschine, sage ich also, aber eine Maschine, die dasselbe macht wie wir. Dass wir privat zwar alle verschieden sind, aber dass wir hier zusammenhalten, ganz einfach, weil wir unsere Arbeit machen. Eine Maschine, habe ich gesagt, ja, das stimmt. Deren Brüste aber wie deine sind, die Hüften auch und die Lippen. Und wenn du sie dir ankuckst, ganz genau, dann weißt du, dass auch deine Brüste gemeint waren und auch deine Lippen. Und dass die Gewalt, die man Gigis Körper angetan hat, dass die unseren Körpern gilt, jeder Einzelnen von uns. –Und was hat sie gesagt? Hat erst gezögert, aber dann hat sie zugestimmt, sagt Elektra. Aber nur unter einer Bedingung, und als mir Elektra sagt, was die Bedingung ist, muss ich schmunzeln.

Wir alle sparen also und legen zusammen. Wie Dornröschen aufgebahrt liegt Gigi leider nicht, auch wenn mir das Bild gefallen würde. Eher wie ein Horror-Schneewittchen. Und auch nicht im Glas-, sondern im Pappsarg: In der Kammer liegt die Kiste, in der sie kam, auf ein paar Stühlen, darin Gigi. Daneben eine Schatulle, in der wir das Geld für sie sammeln. Und weil manche gehen und neue dazukommen, dauert es doch länger als angenommen. Das ist Gigi, sagt Alex zu den Neuen, wenn er ihnen die Kammer zeigt, und hier sind Staubsauger und Besen. Manchmal bleibe ich kurz da, setze mich zu Gigi. So macht man das, wenn jemand krank ist, man schaut vorbei und berichtet, was draußen so passiert. Einmal die Woche macht Elektra Gigi sauber, wedelt den Staub, der sich angesammelt hat, zieht ihr ein neues Kleid an.

Es ist kurz vor Weihnachten, als wir das Geld zusammenhaben. –Mach's gut, Gigi. –Pass auf dich auf. Wir legen die Box mit Luftpolsterfolie aus, damit sie nicht aneckt, weil Gigi jetzt so etwas wie unsere Puppe ist. Obendrauf legt Lucy einen Umschlag. Wenn Gigi in Kalifornien angekommen sein wird, wird jemand die Kiste öffnen. Er wird den Umschlag aus ihren Händen nehmen und ihn aufmachen. In dem Umschlag werden Scheine sein, viele, große, kleine. Außerdem wird er eine Karte darin finden, die wird er leise murmelnd lesen: *Please repair our friend Gigi and find a new home for her. It is not safe here, not for someone like her.*

Erntezeit

Auf einer Wiese stehen Biertische, Bierbänke, darauf Menschen.

In der Mitte eine Bühne, Girlanden am Geländer.

Es spielt eine Kapelle.

Hum-ta-ta-hum-ta-ta-hum-ta-ta.

Linker Hand eine Theke, dahinter zwei Männer, die Bier und Wein ausschenken.

Nebendran ein Tisch, Kuchen und belegte Brote.

Und ein Grill.

Es war heiß heute.

Ein lauer Frühsommerabend.

Eine Frau, Mitte vierzig, kommt mit zwei belegten Broten und Wurst auf Papptellern in der einen Hand, einem Bierkrug in der anderen an den Tisch.

Die Frau: Im Ort sagen sie über den Bauern, dass er ein schüchterner Junge war. Dass er ganz und gar nicht schüchtern war, sagen sie auch. Dass er als Kind wie die anderen Kinder war, ein Junge aus der Nachbarschaft, der gern Fußball spielt, der auch mal Faxen macht. Einmal, da hat er mit seiner Schwester ein Fahrrad aus zwei Fahrrädern gebaut, gesägt haben sie und geschraubt, ein Tandem, und als sie damit losgefahren sind, ist es Stück für Stück auseinandergefallen. Die Schwester hat sich ein Bein gebrochen, offener Knochen, er: nichts. Hart im Nehmen war er, ließ sich nicht unterkriegen. Solche Geschichten erzählen sie uns. Wenn wir aber nachfragen, was genau passiert ist, dann bekommen wir keine Antwort. Und wenn wir von ihm erzählen wollen, dann sagen sie zu uns: Geht jetzt auf die Felder! Macht eure Arbeit! Also erzählen wir nichts mehr. Wir gehen und wir stechen den Spargel.

In Polen arbeite ich in einem kleinen Spital, ich bin Krankenschwester von Beruf. Mein Name ist Ewa. Mein Bruder heißt Mateusz. Mateusz ist hier der Vorarbeiter. Seit zehn Jahren komme ich hierher, Mateusz kommt schon länger. Wir ernten Erdbeeren, Spargel und Wein, das gibt es hier alles in einem Umkreis von hundert Kilometern. Unser Glück ist, dass wir zu Hause alte Verträge haben. So bekommen wir für die Ernte noch frei.

Hinzu kommt einer, der sich als Mateusz vorstellt.

Mateusz, angenehm.

Wenn wir ankommen, dann kommen wir immer hinten herum, sagt Mateusz, vorbei an der Kirche, dem Supermarkt, dem Discounter, dem Heimatverein und dem Schwimmbad. Wir parken den Wagen hinter dem Haus, dort, wo es zu den Feldern geht, und wir gehen durch die Scheune, über den Hof. Wir sagen: Guten Tag. Grüß Gott, sagt der Bauer und stellt uns dann eine Brotzeit hin. Weil er ein guter Mann ist, stellt er uns eine Flasche Wein vom Vorjahr dazu. Probiert mal, sagt er dann. Wenn wir gegessen haben, bespricht er mit mir, was zu tun ist. Und ich spreche dann mit den anderen.

Ewa: Mateusz ist Vorarbeiter, er versteht die Fachbegriffe, weil sein Vater in Polen auch Weinstöcke hat. Man hat das so gemacht, neben der Arbeit. Mateusz ist eigentlich Maschinenschlosser. Aber er hat auch einen großen Garten zu Hause. Seine Tochter kümmert sich um den Garten, während er hier ist.

Er hat auch Erdbeeren, sagt Tomek, der sich zu uns gesetzt hat, und dass es die besten seien, die er kennt, süß wie die Sünde. Tomek ist der Sohn der Frau namens Ewa.

Die Kapelle spielt einen Marsch.

Tara-ta-ta-tam-tara-ta-ta-tam.

Am Nebentisch erheben sich eine Frau und ein Mann.

Das Paar wiegt sich im Walzerschritt zur Marschmusik.

Mateusz: Es war ein junger Bauer, zu dem ich gekommen bin. Direkt nach der Landwirtschaftsschule hat er den Hof übernommen. Er hat neue Maschinen angeschafft und Arbeiter angeheuert, also uns. Man muss dazu sagen, heute machen das Agenturen. Bei denen meldet man sich, und sie telefonieren dann nach Österreich, nach Holland oder nach Deutschland, bis sie Arbeit für dich gefunden haben. In Spanien und Italien brauchen sie uns nicht. Dort haben sie die, die es übers Meer geschafft haben. Die Agenturen verdienen an der Vermittlung mit. Wir aber haben das noch selbst in die Hand genommen. An meiner Arbeit verdient keiner außer mir. Nach der Erweiterung war es möglich, hier legal zu arbeiten. Da haben wir den Ernteurlaub eingereicht und sind dann hierhergekommen, auf gut Glück. Mit meinem Cousin zusammen war das. Der ist schon in Rente. Sein Rücken macht ihm zu schaffen. Wir haben höflich angeklopft, haben uns vorgestellt und dann den Auftrag bekommen. Der junge Bauer war nett, ein guter Mann.

Tomek: Um sieben Uhr früh fangen wir mit der Arbeit an, dann bis Mittag, und nach einer Pause arbeiten wir noch einmal, bis es dunkel wird. Zwei stehen sich gegenüber, dazwischen die Rebzeile. Die Trauben schneidet man, mit der Scherenspitze entfernt man die schlechten und die unreifen Beeren. Dann wirft man die guten Trauben in den Eimer, der unter dem Rebstock steht. Einer läuft durch die Reihen, holt die vollen Eimer ab. Die leert er auf den Anhänger, und wenn der Anhänger voll ist, bringt er ihn zum Hof. Auf dem Hof werden die Trauben gepresst, in große Wannen. Das ist der Anfang des Weins. So habe ich es gelernt, von Mateusz und dem Bauern.

Ewa, die aufgestanden war, kommt mit drei Bierkrügen wieder.

Prost!
Na zdrowie!
Auf die Gesundheit!

Man kann, sagt Ewa, auch schon Maschinen die Weinlese machen lassen. Der Nachteil aber ist, dass die Maschinen nicht selektieren. Die schneiden einfach alles ab, lesen die schlechten nicht aus, mischen unreife und reife Trauben. Auch Blätter verirren sich hinein, und das schmeckt man. Aber der Bauer wollte immer hoch hinaus. Kein Industriewein, sagte er, sondern Qualität. Wie er das betont hat, Quali-tät, auf der letzten Silbe, habe ich immer noch im Ohr.

Auf den Feldern und in den Weinbergen sind jetzt viele Rumänen, sagt Mateusz. Früher war es anders. Früher waren wir hier draußen und die Rumänen im Schlachthof. Aber seit es für uns schwieriger ist, für die Ernte freizubekommen, kommen immer mehr Rumänen auch auf die Felder.

Und Syrer jetzt auch! Aber wir bleiben lieber unter uns, sagt Tomek. Wir arbeiten zusammen, abends kocht Ewa, sagt er, und dass es eigentlich die Aufgabe der Bäuerin sei.

Das tanzende Paar fällt um.
Die Frau lacht.
Der Mann: Reiß dich zusammen.

Ewa: Was genau passiert ist – wir wissen es nicht.

Mateusz: Wir haben unsere Vermutungen, ja. Aber die Wahrheit ist das nicht.

Schweigen.

Mateusz: Auf allen anderen Höfen kocht die Bäuerin am Abend und bereitet mittags eine Brotzeit zu. Ich sage das nur, weil ich denke, daran kann man schon sehen, wie es hier war. Seit fünfzehn Jahren komme ich hierher, immer zu denselben Höfen. Erst die Erdbeeren, dann der Spargel, dann die Äpfel und der Wein, alles in einem Umkreis von hundert Kilometern, und auf allen anderen Höfen kocht die Bäuerin.

Ewa: Wenn wir nachfragen, sagen die Dorfbewohner: Wir sagen nichts. Wenn wir im Laden einkaufen, zum Beispiel, und fragen: Warum ist das mit dem jungen Bauern passiert, dann sagen sie nur: Wir sagen nichts. Wenn wir fragen: Und die Frau? Dann sagen sie nichts. Nichts, sagen die Dorfbewohner. Obwohl wir wissen, dass sie reden.

Sie äffen die Dorfbewohner nach.

Nichts, ich habe nichts dazu zu sagen.
Was willst du von mir?
Geh deine Arbeit machen!

Tomek: Unser Container steht am Weinberg. Das ist billiger, als sich in eines der Häuser einzumieten. Auch wenn es hier genug Häuser gibt, viele von denen stehen leer. Weil es keine Arbeit mehr gibt, bloß für Rumänen und Syrer und für solche wie mich. Was ich meine: Es gibt hier keine Geschäfte, keine Gastronomie, kein Handwerk, es gibt hier keine Dienstleistungen, keinen Handel, nichts. Alles was es hier gibt, sind die Weinberge, die Felder und der Schlachthof. Dort werden wir auch überflüssig werden. Aber noch sind wir es nicht.

Schweigen.

Nächste Frage.

Ins Bad?

Gehen wir auf dem Hof, jeden zweiten Tag nach der Arbeit. Die Zähne putzen wir uns mit Wasser aus einem Hahn. Da ist eine Leitung zum Weinberg gelegt. Immer den Feldweg entlang, dort steht der Container, sodass man ihn nicht verfehlen kann.

Mateusz: Wir wissen, dass es auch anders sein kann, ich kenne Kollegen, die sind deutlich mehr in einem Container. Und es gibt Bauern, die richten in ihren Schuppen kleine Läden ein, dort kannst du kaufen, was du brauchst, Seife, Nudeln, solche Dinge, aber sie verkaufen es dreimal so teuer wie im Laden. Aber unser Bauer war ein feiner Mann.

Und schön, sagt Ewa. Als ich das erste Mal hier war, war er noch nicht verheiratet. Ein lediger Jungbauer war er, hat mir gut gefallen. Im Jahr darauf war dann schon seine Frau da.

Was für eine Granate!
Ach, sei doch still!

Seine Frau und er, die kannten sich schon länger. Das hat sie mir einmal erzählt, weil sie gern geredet hat. Sie war redselig, ja. Sie hat sich gern zu mir in die Küche gesetzt, hat einen Kaffee getrunken, wenn ich zu kochen begonnen habe. Da hat sie mir einmal erzählt, wie der Bauer und sie sich kennengelernt haben. Über eine Plattform war das, online, so macht man das jetzt wohl. Und dass der Bauer dann ein Jahr lang jede Woche einmal zu ihr in die Stadt kam. Bis sie gesagt hat: Entweder du heiratest mich, oder das war's mit uns. Also hat er sie geheiratet. Sie war Goldschmiedin, hier, diese Kette, die habe ich von ihr. Ich habe sie gekauft, nicht dass Sie denken, ich hätte sie geschenkt bekommen.

Das war eine Granate!
Jetzt hör doch auf damit!

Das Atelier hatte sie im Wohnhaus, während er den Hof geführt hat.

Eine solche Frau, die kann nur Unglück bringen.
Sag das doch nicht!
Wenn es doch wahr ist.

Von der Hochzeit kenne ich nur Bilder. Er: Anzug. Und sie: ein Kleid, und was für eins, aber nicht weiß, trotzdem: ein Anblick! Ich weiß nicht, ob man das hier machen kann. Bei uns gäbe es das nicht. Eine richtige Traumhochzeit muss das gewesen sein, wie in diesen Sissi-Filmen.

Tomek: Mein Eindruck war, im Ort mochte man sie nicht. Weil sie eine Frau aus der Stadt war, wahrscheinlich. Das wäre bei mir nicht anders. Meine Mutter wäre auch nicht glücklich, würde ich ein Mädchen aus der Stadt heiraten.

Ewa nickt.

Mateusz: Auf den Bildern sehen sie glücklich aus. Wie die Kinder heißen? Das müssen Sie Ewa fragen. Anton heißt der Junge, nach dem alten Bauern. Keine neun Monate lagen zwischen der Hochzeit und seiner Geburt. Das weiß ich so genau, weil die Hochzeit nach der Lese war, und als wir wiederkamen, im nächsten Jahr, da war das Kind schon fünf, sechs Monate alt, beinahe ein halbes Jahr. Da muss man nur rechnen.

Das kann man, ja.

Sophia und Maria, so heißen die Mädchen. Ich weiß das, weil ich ja viel in der Küche gearbeitet habe. Auf allen anderen Höfen ist es so, dass die Bäuerin sich um die Verpflegung kümmert. Aber eine Bäuerin war sie nicht, sondern eine Hausherrin, mit ihrem Atelier da. Aber urteilen will ich nicht. Die Mädchen durften mit mir in der Küche sein, da hat sie keinen Unterschied gemacht.

Mateusz: Gut, also noch einmal, von Anfang an. Zur Straße hin ist das Haus braun, mit grün lackierter Tür. Zu den Feldern hin ist es grau, mit einem Schiebetor aus Holz. Wenn wir ankommen, dann kommen wir immer von hinten. Wichtig ist auch, dass das Tor immer offen stand, immer. Man hätte es wissen müssen, als das Tor zu war, dass etwas nicht stimmte. Jeder aus dem Dorf, der vorbeiging, hat es gesehen.

Im ersten Jahr, in dem ich dabei war, sagt Tomek, als wir angekommen sind, da hat der junge Bauer gesagt: Es gibt etwas zu feiern. Ach ja? Bis nach Amerika verkaufe ich jetzt meinen Wein. Darauf trinken wir einen, hat er gesagt. Ich kenne sonst keinen Bauern, der mit seinen Arbeitern trinkt. Und die Kinder? Zwei Kinder gab es schon, als das mit Amerika war. Das war ja nicht am Anfang, da hatte er den Hof schon ein paar Jahre.

Wir sind Erntearbeiter, mehr nicht. Natürlich haben wir Ideen, was passiert sein könnte, aber darüber sprechen wir nicht. Nein wirklich, dazu sage ich nichts.

Dass er gespielt hat, zum Beispiel!

Rumgehurt.

Dass er den Hof verzockt hat. Anders kann ich es mir nicht erklären, alles andere wäre doch bloß ein bisschen Schicksal.

Dass er es einfach nicht verkraftet hat. Ich meine, was würden Sie tun, wenn Sie Ihren Beruf nicht mehr ausüben könnten?!

Ich kann es nicht sagen, wann es angefangen hat. Wir sind doch jedes Jahr bloß ein paar Wochen bei ihm. Woran wir es gemerkt haben: dass er morgens immer zu spät kam. Dass er abends früher gegangen ist. Es ist ja so, sagt Mateusz, ein Weinbauer im Wirtshaus, das gibt es nicht. Da muss man sich ja fragen. Da war klar, dass da etwas nicht stimmen kann, dass zu Hause etwas los ist. In dem Jahr ist er jeden Abend ins Wirtshaus gegangen. Jeden! Und irgendwann dann war die Frau nicht mehr da.

Also weg.

Wir kamen vom Feld, wollten uns waschen gehen. Da gab es ein Riesengeschrei. Sie vor dem Auto, die Kinder haben im Wagen gesessen. Er kam angestürmt und sagte: Das kannst du nicht machen! Wir drehen also um, zurück zum Container. Am Abend dann habe ich Ewa gefragt, was war denn los bei denen? Und sie so: Dass der Anton nicht sein Sohn ist. Woher weißt du denn das? Weil sie es über den ganzen Hof gebrüllt haben!

Im nächsten Jahr dann sind wir vorgefahren, haben den Wagen geparkt, sind ausgestiegen, haben gerufen: Hallo, guten Tag, da sind wir. Da ist uns ein Mann entgegengekommen, ich habe ihn nicht gleich wiedererkannt. Er hatte zugenommen, aber bloß im Gesicht, am Oberkörper, die Beine dünn. Seine Haut war ganz rot. Und sein Atem. Er hat wohl schon frühmorgens getrunken.

Den Ring hat er trotzdem noch getragen.

Den Wein haben wir in diesem Jahr beinahe allein gelesen.

Gut ist was anderes.

Was hätten wir auch tun sollen. Mateusz, haben die Arbeiter zu mir gesagt, Mateusz, du bist jetzt der Chef. Und ich habe gesagt: Der Chef ist immer noch der Bauer. Dass sie Respekt haben sollen.

Der hat eine Rumänin ins Haus geholt, gleich nachdem seine Frau weg war.

Aber doch nur, um die alten Leute zu pflegen!

Weiß man es? So alt waren die nicht. Im Jahr darauf haben sie sogar noch einmal die Weinlese übernommen. Da war er nicht da, der junge Bauer. Wo ist er denn, haben wir gefragt. Und erst wollte es niemand sagen, bis die Schwester eines Abends, da ist sie zu uns zum Container gekommen. Mein Bruder ist in einer Klinik, hat sie gesagt. Er hat zu viel getrunken.

Wann kommt er wieder?

Das haben wir gefragt.

Mehr nicht.

Da hat sie erst mal geschwiegen.

Und dann: Ich weiß es nicht.

Ich weiß es nicht, hat seine Schwester gesagt.

Und ich: Wir machen wie immer.

Dem alten Bauern war es unangenehm mit uns. Wir sind ihm nicht geheuer. Es ist, denke ich, weil wir seinen Dialekt nicht verstehen, als wäre er der Ausländer. Die Kommunikation lief dann so: Jeden Morgen hat der alte Bauer die Tochter angerufen und mit ihr besprochen, was zu tun ist. Dann hat er mir das Telefon in die Hand gedrückt, und sie hat es mir noch einmal erklärt: Ihr sollt euch auf die Zeilen aufteilen. Dass immer links und rechts einer geht, man sich gegenübersteht, dazwischen die Rebzeilen. Weiß ich, habe ich gesagt, weil wir schon seit mehr als einem Jahrzehnt hier den Wein lesen. Abends dann kam sie auf dem Hof vorbei. Ich habe ihr dann gesagt: Er soll uns nicht so rumkommandieren. Wir sind freie Arbeiter.

Es war ein Montag.

Ich glaube, es war Mittwoch.

Oder Donnerstag?

Es war Abend, und wir haben Karten gespielt hier im Container. Das machen wir gern am Abend, spielen um ein paar Münzen. Da klopft es an der Tür. Wir haben uns angesehen, wer kann das sein? Ich gehe also an die Tür, Mateusz gleich hinter mir, man weiß ja nie. Wer ist da? Der Bauer. Der Bauer? Ich habe die Tür einen Spalt weit aufgemacht, und da stand er wirklich vor mir und hat gesagt: Ich bin wieder da.

Da bin ich wieder!

Und hat wieder ausgesehen wie früher! Frisch, meine ich. Ich habe groß gekocht am nächsten Tag, habe eine Tafel gedeckt, mit Schweinernem und Kartoffeln und Salat. Sogar Kuchen habe ich gebacken, wir haben Wein und Schnaps aufgetischt. Und der Bauer: Trinkt ihr nur. Wie, du trinkst nicht, habe ich gefragt.

Und er: Dass er nicht mehr trinken darf.

Aha?
Wirklich?
Ein Weinbauer, der nicht trinken darf.

Sie müssen sich das vorstellen: Das ist wie ein kochender Diabetiker, ein Analphabet als Buchhändler.

Nicht einmal den Most hat er mehr angerührt. Koste du für mich, hat der Bauer zu mir gesagt. Also habe ich gekostet. Wir haben nichts gesagt. Als die Lese beinahe zu Ende war, hat der Bauer mich zur Seite genommen und gesagt: Danke, Mateusz. Danke für alles. Das war ein Wochentag, das weiß ich noch.

Nein, es muss das Wochenende gewesen sein. Werktags hätte man es doch sofort gemerkt.

Ja, und dann.

Ewa: Wie sagt man das jetzt, was passiert ist?

Es war am Wochenende, aber Ernte ist Ernte. Da ist jeder Tag ein Werktag. Also das Tor war zu, als wir vom Feld kamen. Das war komisch, da hätte man sich schon wundern können.

Ewa: Wie soll man es sagen?

Also bin ich um das Haus nach vorne gegangen. Ich habe an der Tür gewartet und geklingelt. Aber da kam niemand.

Ewa: Dann ist er in die Scheune …

Also habe ich den Schlüssel geholt. Wozu ich den brauche, hat seine Schwester gefragt, und ich nur: Ich soll etwas holen, aus dem Haus, der Bauer sei nicht da. Nicht da? Nur kurz weg, habe ich gesagt. Bin gleich wieder da, hab den Schlüssel genommen und bin zurück zum Haus gelaufen. Ich habe die Tür aufgeschlossen, bin ins Haus. Aber da war niemand. Also bin ich auf den Hof hinaus, bin Richtung Scheune gegangen. Hans, habe ich ein paar Mal gerufen, Hans. Weil wir haben uns geduzt. Aber da kam keine Antwort. Ich bin also zur Scheune. Da dachte ich: Der hat wieder angefangen. Und dachte, ich fände ihn nun besoffen irgendwo in einer Ecke. Also bin ich in die Scheune rein: Hans, bist du da? Und dann habe ich ihn gesehen, dort.

Ewa: Er hat sich aufgehängt.
Tomek: Hat sich aufgeknüpft.
Mateusz: Hat da am Strick gehangen.

Stille.

Wind kommt auf.

Jemand entzündet Kerzen in Gläsern, und die Gläser stellt er auf die Tische.

Was soll ich sagen, sagt Ewa. Es ist traurig.

Ach was, traurig. Traurig, traurig, was heißt das schon.

Manche haben eben einen Grund.

Stellen Sie sich vor, da kommt einer wieder und kann seinen Beruf nicht mehr ausüben. Die Frau weg, die Arbeit weg. Was soll er denn machen?

Ich finde es trotzdem traurig, sagt Ewa. Eine traurige Geschichte.

Es ist keine Geschichte, sagt Tomek, es ist das Leben.

Es war sein Leben, sagt Mateusz, es ist sein Leben gewesen.

Es ist Abend geworden.

Die Kapelle hat aufgehört zu spielen.

Der Schlagzeuger baut seine Trommeln ab.

Ein paar sitzen noch vereinzelt, die meisten sind schon nach Hause gegangen.

Nichts bleibt als die Lichter.

Ob wir wiederkommen? Wer weiß das schon, es wird schwieriger, den Ernteurlaub zu bekommen, und auf den Feldern sind jetzt immer häufiger welche, solche, na ja, Sie wissen schon.

Die drei stehen auf.
Sie verabschieden sich.

Tschüss.
Auf Wiedersehen.
Welche Zeitung?
Radio, ach so.

Als sie ein paar Meter gegangen sind, dreht Tomek sich um.
Er hebt die Hand, beinahe schüchtern.
Winkt er?
Er winkt.

Mein Vater ruft an

Das Telefon klingelt.

Mein Vater ist dran.

–Was machst du?

–Ich schreibe.

–Aha.

Immer, wenn mein Vater dran ist, ist etwas passiert.

2. Mai: Mein Vater ruft an und sagt, nachdem er Hallo gesagt hat: Hallo, bist du das? –Ja, weißt du doch, du hast mich doch angerufen, sagt danach also: Stell dir vor, Osama bin Laden ist gestorben.

Immer läuft das Gespräch auf dieselbe Weise ab.

5. Oktober: –Hallo, bist du das? –Ja, ich bin es. –Steve Jobs ist gestorben, der Apple-Typ, kannst du dir das vorstellen?

Oder: 1. Dezember: –Hast du es schon gehört? –Was jetzt genau? –Christa Wolf ist tot, ich hab mal ein Buch von ihr gelesen, aber bei der Stasi war die auch, oder?

Mein Vater ruft also an, und ich gehe ran: Hallo. –Hallo. Ich warte, warte auf den Satz, erwarte die seit Jahren eingeübte Eröffnung unseres Gesprächs, das Thema immer schon vorgegeben. Nie dauern diese Gespräche länger als fünf Minuten, mitten im Satz sagt mein Vater dann immer irgendwann: Du, ich muss, gut, dass wir gesprochen haben.

Gesprochen haben wir schon seit Jahren nicht, mein Vater und ich.

–Hallo? Bist du da?

Mein Vater sagt nichts.

Ich sage, weil ich noch keine Nachrichten gelesen habe: Was ist passiert, wer ist gestorben?

Das habe ich schon einmal gesagt, vor mehr als zehn Jahren war das, da hat er angerufen, ich wollte einen Scherz machen, und darauf er: Deine Großmutter. Heute Morgen. Hat noch Kuchen gebacken und dann war ihr schwindelig und dann hat sie sich hingesetzt und dann ist sie vom Stuhl gefallen und war tot. Genauso hat mein Vater es gesagt, und ich habe geschluckt, im Zug irgendwo zwischen hier und dort. Wir waren alle noch mal da, hat er gesagt, und ich glaubte einen Vorwurf zu hören.

–Hallo?

Mein Vater räuspert sich.

Den ersten dieser Anrufe bekam ich, als ich das erste Mal für längere Zeit im Ausland war. Das Telefon klingelte, ungewöhnlich, dachte ich, weil telefonieren mit anderen Ländern damals noch zu teuer war. –Was gibt's, sagte ich, ohne Hallo zu sagen. Schon damals waren wir nicht so gut aufeinander zu sprechen, mein Vater und ich. –Dein Cousin ist gestorben. Ich wusste nicht, was ich darauf sagen sollte. Soweit ich mich erinnere, habe ich nicht geweint. Zumindest nicht am Telefon.

Jedes Jahr seither, und das ist schon lange her, reduzieren sich unsere Gespräche auf diese Anrufe:

20. Januar, das Telefon klingelt um die Mittagszeit. Hast du es schon gehört, sagt mein Vater. Etta James ist tot. Etta James ist ihm wichtig, mein Vater ist ein großer Fan. Kannst du dich erinnern, dass ich das sonntags immer angemacht habe, diese eine Platte? Ich muss sie gleich suchen, du, ich melde mich, ich muss die jetzt suchen.

Nicht einmal Tschüss sagt er.

Dann, keine drei Wochen später, am 11. Februar: –Whitney Houston ist tot, unfassbar, ich hab den ganzen Tag bei der Arbeit nur *I'm Your Baby Tonight* gehört, das ganze Album, rauf und runter.

Mein Vater war damals noch Bäcker mit eigener Backstube. Dort konnte er hören, was immer er wollte. Und wenn er abends den Laden abgeschlossen hat, nachdem er Kassensturz gemacht hatte, nachdem er das alte Brot auf die Straße gestellt hatte, weil er wusste, dass immer jemand Hungriges vorbeikommen würde, nachdem er den Laden gefegt und die geflochtenen Brot- und Brötchenkörbe bereitgestellt hatte, hat sich mein Vater eine Zigarette gedreht, filterlos, und dann hat er ein Oberlicht geöffnet, die Regler noch einmal richtig hochgedreht und ganz in Ruhe und gemächlich seine Zigarette geraucht, den Kopf in den Nacken gelegt und seiner Musik gelauscht.

Als Jugendlicher, das hat mein Vater einmal erzählt, als ich noch ein Kind war, da wollte er unbedingt auf ein Musikgymnasium gehen, Rock 'n' Roller wollte ich werden, genauso hat er es gesagt.

Geworden ist es dann doch nur die Lehre.

I'm Your Baby Tonight war die erste CD, die ich besessen habe. Gute Musik, hat mein Vater gesagt, die kann man auch zweimal im Haus haben.

Hallo, sage ich noch einmal.

–Warum rufst du denn an?

Und mein Vater räuspert sich.

Und mein Vater sagt: Ich muss dir etwas sagen.

Und dann sagt mein Vater: Die Hilde ist heute Nacht gestorben.

Er sagt Hilde, obwohl seine Frau anders heißt. Hilde, das war sein Kosename für sie, die wilde Hilde.

So ist der Humor meines Vaters.

Als ich ein Kind war, hat mein Vater auch mir Namen gegeben, schon als er meine Geburt beim Standesamt anmeldete, gab er mir die Namen der Töchter, die ich auch hätte werden können: Charlotte, Rosa, Friederike und auch Denise.

Gerufen hat er mich immer nur bei meinem Spitznamen: Pippsa.

Was ist passiert, sage ich.

Herzinfarkt, sagt mein Vater. Also so genau weiß man es nicht, aber sie glauben, es war ein Herzinfarkt. Es war nachts, und ich habe es nicht gleich bemerkt und man hat mich gefragt, ob ich sie obduzieren lassen will, um mit Sicherheit zu wissen, was es war, aber ich habe Nein gesagt. Das will ich nicht, dass man sie aufschneidet, von mehr Wissen wacht sie ja auch nicht wieder auf.

So sagt er es.

–Und jetzt?

–Sie wird gleich abgeholt, von der Bestattung.

–Und warum rufst du erst jetzt an?

–Ich wollte euch nicht wecken.

Es ist 6 Uhr 30, wohlgemerkt, aber auch ich bin Frühaufsteherin. Der einzige Mensch, den ich kenne, der früher aufsteht als ich, ist mein Vater. Jahrzehnte der Routine haben seinen Körper geformt, da kannst du machen, was du willst, hat er mal zu mir gesagt, so ist das mit der Arbeit.

Soll ich kommen, sage ich.

Ich sage es, obwohl ich in einer anderen Stadt in einem anderen Land lebe, obwohl klar ist, dass ich nicht vor heute Abend, wahrscheinlich erst morgen Früh da wäre.

Aber irgendetwas muss ich ja sagen.

Mein Vater sagt nichts.

Ist kein Problem, sage ich, wirklich, ich kann Homeoffice anmelden, im Zug arbeiten, dann einen Tag freinehmen.

Ich kann dir helfen, sage ich.

Mein Vater sagt nichts.

Als wir das letzte Mal gestritten haben, es ist schon einige Jahre her, da sagte mein Vater irgendwann: Du musst es schon verstehen. – Was?! – Dass ich mit den Worten nicht so kann wie du.

Wenn ich seither an meinen Vater denke, dann denke ich an einen Fisch im Aquarium: Ich kann ihn sehen, kann ihn sogar über Stunden hinweg beobachten, aber wenn er seinen Mund aufmacht, dann kommt da nichts als ein paar Blasen.

Manchmal schickt mir mein Vater Bilder, Fotos, die er mit seiner Digitalkamera macht, als E-Mail-Anhang. Immer hatte mein Vater einen Fotoapparat, vielleicht wollte er auch einmal etwas mit Bildern machen. Dafür spricht der Filmvorführerausweis, den ich einmal von ihm gefunden habe.

Die Bildmotive sind: ein Baum im Sommer, ein Baum im Herbst, ein Baum im Winter. Der Weihnachtsbaum.

Mein Vater ist noch kein alter Mann. Trotzdem weiß ich, dass er einer werden wird, ich sehe es ganz genau vor mir, er wird einer dieser Männer werden, die, über den Brillenrand linsend, die Zungenspitze der Konzentration wegen zwischen den Lippen, auf das Minidisplay ihrer Digitalkamera blicken, um dieses eine, für sie so wichtige Bild zu schießen. Und er wird dabei nicht mitbekommen, dass er hinter sich Chaos anrichtet, dass wegen seiner Schritte zur Seite, den Blick immer auf das Display, alle ihm ausweichen müssen. Und spräche man ihn darauf an, würde er sagen: Hab ich Augen auf dem Rücken?

Er würde nicht Rücken sagen, er würde es in seinem Dialekt sagen.

Mein Vater spricht eine andere Sprache als ich.

Es ist wirklich kein Problem, sage ich. Ich kann jetzt auflegen, auf der Arbeit anrufen, meine Sachen packen und dann um 9 Uhr 30 den Zug nehmen.

Nebenbei habe ich meinen Laptop aufgeklappt, ich habe die Webseite der Bahn aufgerufen, ich habe die beste Verbindung innerhalb der nächsten Stunden rausgesucht.

Der Zug fährt jetzt über Nürnberg, sage ich.

Einmal, als mein Vater zu Besuch kam, die Details hatten wir per E-Mail geregelt, von wann bis wann, wo er unterkommen würde, welche Sehenswürdigkeiten er besichtigen könnte und wann wir essen gehen würden, als mein Vater ein einziges Mal zu Besuch hierherkam, da fuhr der Zug noch über Prag.

So viele Jahre ist das her.

Da galt noch ein alter Fahrplan.

Ausgeflippt, sagte mein Vater über die Menschen dieser Stadt, kuck mal, wie ausgeflippt der ist. Ganz laut sagte er das, und er musste nicht mit dem Finger zeigen, ich wusste schon, wen er meinte. Es war mir unangenehm, dass ich sofort wusste, wen er als ausgeflippt wahrnahm, weil ich merkte, dass auch ich diesen Blick noch nicht gänzlich verlernt hatte.

Es war mir unangenehm, weil es mich daran erinnerte, wo ich herkam.

Irgendwann saßen wir in einem Café, das es heute nicht mehr gibt, und mein Vater überreichte mir ein Buch, von dem ich ihm erzählt hatte. Worum geht es da, fragte er, und als ich Klassenaufstieg und Scham sagte, da zitterte sein Kinn.

Dieses Zittern kenne ich, weil auch mein Kinn manchmal zittert. Es ist das äußerliche Anzeichen der Tränen, die sich ihren Weg bahnen wollen.

Das war das letzte Mal, dass wir uns gesehen haben.

Erinnerst du dich, sagte ich, dass das unser erster Urlaub war, der allererste, nach Prag mit dem VW-Bus deines Bruders, kurz nach dem Mauerfall? Kann sein, sagte mein Vater, kann sein, dass das so war.

8. Mai: Das Telefon klingelt, mein Vater ruft an. Ich komme ihm zuvor und sage: Ich weiß es schon, Maurice Sendak ist tot. –Der auch? Was für eine Schande. Was ich eigentlich sagen wollte, Franz Schilcher ist tot. –Franz Schilcher? –Den kennst du gar nicht, von aus der Kartenrunde.

So ist er, mein Vater.

Das Buch *Wo die wilden Kerle wohnen* von Maurice Sendak hatte er uns früher gern vorgelesen. Immer gab es diese Lieblingsstelle, die ich auswendig mitsprechen konnte, die ich brüllte: Geh bitte nicht fort, wir fressen dich auf, wir haben dich so gern!

5. Juni: –Ray Bradbury ist tot. Ich wusste nicht, dass dir der wichtig war, sage ich. –Ray Bradbury?! Das war ein Gott, ein Prophet, ein richtig brauchbarer Mensch war das. Ohne den gäbe es kein Internet!

Das sind die Kategorien: brauchbar und wild.

Wahrscheinlicher ist, dass ich ein wilder Kerl bin.

Das macht bis heute vieles schwierig zwischen uns.

Nach dem Tod meiner Großmutter schenkte ich meinem Vater ein Buch. Es waren die Notizen eines Autors, die er nach dem Tod seiner Mutter in seinem Zettelkasten gesammelt hatte. Sie sollten, so sagt man, der Stoff seines einen, ein Leben lang ersehnten Romans werden. Dann starb auch er, ganz plötzlich. Von einem Ast erschlagen. Im März 1980 war das.

Auf den Schmutztitel hatte ich eine Widmung geschrieben: Wenn unsere Eltern sterben, wissen wir, dass wir die Nächsten sein werden.

Ich fand das tröstlich.

Daran muss ich jetzt denken.

Und an den 5. Dezember: Hallo, sagt mein Vater, und ich weiß, was kommen wird, der 5. Dezember ist mein Geburtstag. Dave Brubeck ist tot, sagt mein Vater. Und ich: Das tut mir leid. Was sollte ich sonst darauf sagen. Ich hab's nachgesehen, im Internet, es ist so tragisch, sagt mein Vater, morgen wäre der 92 Jahre alt geworden. Stell dir das vor, ein Tag vor seinem Geburtstag. Ich sage nichts. – Kannst du dich erinnern, dass wir das immer im Auto gehört haben? Kann sein, sage ich, kann sein, dass das so war. Gut, ich muss, sagt mein Vater und legt auf.

Was ist schon ein Geburtstag, habe ich danach gedacht, ist auch keine Errungenschaft, nichts, was man geleistet hat.

Neben dem Geburtstagsanruf gibt es noch einen anderen ohne Todesfall als Anlass, es ist der Weihnachtsanruf: Und, wie feierst du, fragt mein Vater jedes Jahr. Bei uns gibt es Braten und dann Plätzchen. Gemütlich.

Ich habe mich schon vor Jahren aus der Gemütlichkeit ausgeladen, feiere keine Weihnachten.

Du musst schon sagen, was du willst, sage ich.

–Was?

Ob ich kommen soll, antworte ich.

Aber mein Vater sagt nichts.

Er sagt: Ich muss jetzt, es ist jetzt viel zu tun.

Und dann legt er auf.

Und ich stehe da, das Handy in der Hand.

Und dann mache ich etwas, das ich schon ewig nicht mehr getan habe.

Ich rufe meinen Vater an.

Ich rufe ihn an.

Seine Nummer kenne ich immer noch auswendig, tippe sie ins Handy, weil ich sie nicht eingespeichert habe.

Und wenn du einen Fahrradunfall hast, hatte mich einmal eine Freundin gefragt, und du vergisst sie? Was machst du dann? Dann soll es so sein, hatte ich gesagt. Das wäre eben Kismet.

Kismet ist ein Wort, das mein Vater gern gebraucht.

–Hallo?

–Was heißt das, du hast es nicht gemerkt?

–Dass ich geschlafen habe.

–Und wie hast du es dann gemerkt?

–Sie war kalt, als ich sie berührt habe.

Wann war das, frage ich.

–Vielleicht Mitternacht?

–Und dann hast du einfach da gelegen, neben ihr?

Und dann höre ich ein Geräusch, das ich erst nicht zuordnen kann, ist es der Teekessel, der da pfeift, der Hund vielleicht, bis ich es begreife, es ist mein Vater, der sehr lange und sehr kontrolliert sehr viel Luft aus sich rauspresst, dabei seufzt, schluchzt, greint, alles gleichzeitig.

Mein Vater weint.

Mein Vater weint in die Leitung.

–Ich wusste nicht, was sonst.

Mein erster Impuls ist auflegen.

Mein zweiter auch.

Einfach auflegen.

Nichts damit zu tun haben.

Wie sonst eben auch.

Ich atme tief ein.

–Ich bin morgen Früh da.

Ist recht, sagt mein Vater.

Nicht mehr, nicht weniger.

Dann lege ich auf.

Es ist kalt, als ich am Abend das Haus verlasse, Weihnachten und Neujahr liegen hinter uns. Ich nehme den Bus zum Hauptbahnhof, und als ich dort ankomme, kaufe ich mir ein belegtes Brötchen, zwei Dosenbier und eine Zeitung.

Kurz nach Nürnberg, draußen wird es stockfinster sein, werde ich im Feuilleton einen Nachruf lesen, auf eine Autorin, von der ich noch nie zuvor gehört habe, und ich werde den Impuls verspüren, anzurufen: Stell dir vor, was passiert ist.

Ich werde meinen Rechner aus der Tasche ziehen, ihn aufklappen und eine Notiz machen: *Mein Vater ruft an.*

Die Zugfahrt wird dann noch vier Stunden dauern.

Schlafgänger

Wo warst du, würde Ronny fragen, wo hast du dich denn wieder rumgetrieben? Und ich würde zu Ronny sagen, dass ich ihm etwas erzählen muss: Das erste Mal gesehen habe ich den Jungen, kurz bevor ich in die Bahn bin. Vor einer Woche war das. Von dort kenne ich ihn, von dem Bogen unter der S-Bahn. Der Junge saß auf dem Boden, vielleicht elf Jahre alt, oder zehn, kurze blonde Haare, kurze Hosen, T-Shirt, normal eben. Genauso würde ich es sagen, dass er einfach auf dem Boden saß. Auch wenn das nicht stimmt. Er saß nicht einfach nur auf dem Boden, sondern auf einer Verkehrsinsel vor dem Hauptbahnhof. Hoch über ihm fuhren ICE, Regio und S-Bahn, während dicht an seinem Körper eine Autokolonne alle zwei Minuten für eine Grünphase in Bewegung kam. So saß der Junge, die Beine überkreuzt, so, würde ich sagen und es Ronny vormachen, auch wenn es mir schon ziemlich schwerfallen würde. –Türkensitz. –Was? Man nennt das Türkensitz, würde Ronny sagen. Zumindest als ich so alt war wie dein Junge da. Was für Ronny tatsächlich schon eine Weile her ist. Und ich? Würde nicken und sagen: Wenn du es sagst. Diesmal würde ich es ihm durchgehen lassen.

In seiner rechten Hand hielt der Junge ein Feuerzeug, würde ich sagen, es wanderte zwischen seinen Fingern hin und her, ab und an entzündete er eine Flamme. – Dann hat er mich entdeckt, der Junge, schaut zurück. Die Tram kommt. Ich steige ein, stehe in der offenen Tür, blicke noch immer und der Junge auch, er murmelt etwas, sieht weg, sieht wieder zu mir, sieht, dass ich ihn immer noch ansehe, murmelt noch immer, die Tür schließt sich, und der Junge ist weg. Genau so war es, würde ich sagen, und dass das doch komisch sei. – Was? – Dass ein Junge einfach so rumsitzt, mitten im Straßenverkehr. Dass ich es investigieren wollte, würde ich sagen. Und Ronny nur: Da gibt es nichts zu investigieren, ein Zigeuner, sicher! Das wäre typisch Ronny, mit dem Zettwort um sich zu werfen, denke ich und dass ich Nein sagen würde. Nein, so war es nicht.

Er erinnere sich noch, hatte Ronny mir einmal erzählt, als er Tassilo noch hatte, den Hund, dass er eines Morgens mit ihm spazieren war. – Am Kanal entlang und in den Büschen sah ich Menschen ihre Notdurft verrichten (Weg da! Tassilo, nicht!). Unter der Brücke, gleich nebendran, ein Kinderwagen und etlicher Hausrat an der Wand und daneben eine Matratze, darauf liegen vier Kinder, und eines lächelt mich an. Ich bin mit Tassilo nach Hause gegangen, und den ganzen Tag lang musste ich an diese Kinder denken. Heute passiert mir das nicht mehr. Kanaltreiber nenne ich sie, aber nur in Gedanken. – Der hier war anders, wirklich. Und Ronny würde sagen: Wenn du meinst. Aber glauben würde er mir nicht.

Ein paar Tage später kann auch ich es nicht mehr sagen: War es so, war es anders? Und was geht mich dieser Junge an? Aber da treffe ich ihn wieder. Er sitzt an derselben Stelle wie beim letzten Mal. Könnte ein Verkehrsschild sein, aber dann wüsste man, wie man ihn lesen soll. Also spreche ich ihn an. Hallo, sage ich. Der Junge hebt seinen Blick, erkennt er mich wieder? Das Feuerzeug in seiner Hand hat eine andere Farbe. Das weiß ich, weil ich mich beim letzten Mal noch gewundert habe, warum ein Junge ein rosa Feuerzeug in der Hand hält, und diesmal ist es lila, ja, ich schwöre. Schöne Narben hast du, sage ich. –Wieso sagst du das? –Weil ich sehen kann, dass du dir Mühe gegeben hast. Und wie er sie mache, frage ich. Und der Junge sagt, dass es einen Trick gebe. –Sag mal. –Erst musst du das Feuerzeug ganz heiß machen, und dann drückst du es fest auf deine Haut, so doll du kannst. –Tatsache. –Und danach musst du den Schorf abkratzen, immer wieder. –Verstehe. –Und Wundalkohol. Er sagt auftragen, als spräche er von Salbe. Ich sage: Interessant. Weil man doch etwas sagen muss, wenn jemand sein Wissen mit einem teilt, ganz gleich, ob es Wissen ist, das man selbst hat, niemals haben wollte oder mit dem man schlicht nichts anfangen kann. Skeptisch sieht mich der Junge an, mustert meinen runden Bauch. Doch, das geht schon, ist bloß etwas mühsam, sage ich und setze mich auch.

Wir sind durch das Haus gerannt, meine Schwester und ich, erzählt der Junge. Sie vor mir her die Treppe runter, sie war so wütend, du Schwein, du Biest, du kleines Miststück, du, hat sie gebrüllt, ohne sich umzudrehen. Und dann ist es passiert, sie ist ausgerutscht und hingefallen. Jetzt ist sie im Krankenhaus, sagt der Junge, und dass er sich Sorgen mache. Dass es seine Schuld sei, ganz allein seine und wer weiß schon, ob sie es überleben würde. – Was hat sie denn? Hals- und Beinbruch, im wahrsten Sinn des Wortes, Halswirbel angeknackst und das Bein gebrochen. – Das wird schon. Der Junge sieht mich nicht an. Wieso war sie denn wütend, frage ich. Er habe es nicht mit Absicht getan, ganz und gar nicht absichtlich, wirklich. – Was denn nun? – Ihre Geburt gelöscht, unwiederbringlich. – Ihre was? Ich hör wohl nicht richtig. Ihre Geburt, sagt der Junge (höre wohl doch). – Erklären! Auf Kassette habe die Mutter es aufgenommen, für jeden eine, die Erzählung, wie sie in die Welt kamen. Für Sam eine und für Gabi eine und eine für mich. – Ist Gabi deine Schwester? – Nein, mein Bruder, von Gabriel, Sam ist meine Schwester. Sie ist die Älteste. – Und wie heißt du? – Das sage ich nicht. Nun gut, dann weiter in der Geschichte. Vor Jahren schon habe die Mutter das getan, als sie die graue Krankheit bekommen habe. – Graue Krankheit? – So haben sie den Krebs genannt, aber das hat es auch nicht besser gemacht. Er sieht mich prüfend an, das erste Mal, dass sein Blick meinen sucht. Als klar war, dass sie sterben wird, sagt er, da hat sie für jeden eine Kassette aufgenommen. Dass ich gerührt bin, sage ich nicht, nicke bloß wissend. Er wisse auch nicht, wie das habe geschehen können, aber er habe die Kassette überspielt, habe bloß so rumgedrückt und nun sei Sam also nicht mehr da, ausgelöscht, quasi. Und dann die Treppe, der Unfall. Deswegen sitze er nun hier.

Von der Haltestelle ist plötzlich ein lautes Brüllen zu hören. Wir schauen hinüber, dort stehen zwei Jungen und bewegen sich nicht, ein paar Köpfe irritiert in ihre Richtung, Körper drängen in die Tram. Als sie wieder anfährt, brüllen sie erneut. Brüllen sie die Tram an? Dann ist es still. Mein Finger fährt an meine Schläfe, tippt dagegen, ich sage: Die sind doch meschugge. –Meschugge? Verrückt, sage ich, nicht richtig in der Birne, umnachtet, verwirrt, die ticken nicht ... Der Junge unterbricht mich, schon gut, ich verstehe. –Und jetzt? –Jetzt was? Wie es jetzt weitergehe. Für dich oder für mich, sagt der Junge, dabei lächelt er und das erste Mal ist er der Junge, der er ist. Bleibst du jetzt hier, frage ich. Ist doch kein Leben auf einer Verkehrsinsel. Ach was, sagt der Junge, bloß manchmal sitze er hier.

Ich mag das Vorbeirauschen der Autos, sagt er. Und dass es ihn beruhige, all die Bewegung um ihn. Erst wenn auch Gabi zu Hause sei, könne er nach Hause gehen. Und dass Gabi als Kellner arbeite, Tagschicht. –Vor vier Uhr nachmittags kommt der nicht. Gehst du denn nicht zur Schule, frage ich. –Manchmal, aber nicht immer. –Dann lass dir doch zumindest einen Schlüssel geben. Er fährt in seine Tasche, es klimpert. –Habe ich doch. –Jetzt verstehe ich gar nichts mehr, wieso lungerst du denn dann hier draußen rum? Zu Hause, flüstert er, zu Hause gehen Gespenster um. Soll ich dich nach Hause bringen, frage ich. Ist doch noch lange hin bis vier.

Du bist doch ein Fremder, sagt er. Eine Fremde, sage ich.

Manchmal furzt Ronny nachts laut, so laut, dass ich davon wach werde. Allgemein aber ist es okay, sich mit Ronny ein Bett zu teilen, es ist auch breit und groß, sodass wir mühelos beide Platz darin haben. Genau genommen ist es seins. Überhaupt ist alles, was ich habe, seins. Das kommt daher, dass ich nichts hatte, als wir uns kennenlernten.

Auf Streune muss man mit wenig auskommen und unscheinbar sein, fast hätte Ronny mich übersehen. – Was machst du denn hier?! – Siehst du doch. Ronny blieb freundlich. Kannst mitkommen, gar kein Problem, sagte er, und dass seine Wohnung so klein sei, dass außer ihm nur noch ein Mensch und ein Koffer Platz hätten, passt also. Dass ich bald zwei Menschen sein werde, sagte ich nicht. Irgendwann dann sah es Ronny, aber da waren wir schon so eingespielt, dass es keinen Grund mehr gab, etwas zu ändern. Ich war froh, die Kugel nachts nach Hause schieben zu können.

Die Tage verbringe ich auf den Straßen. Ich geh dann mal prokurieren, sage ich, bevor ich das Haus verlasse, und Ronny sagt nichts, aber das macht nichts. Weil ich weiß, dass Ronny lieber zu Hause bleibt. Man nennt das Arbeitsteilung. Er stellt die Wohnung, und ich bringe Leben hinein. Am Morgen bin ich als Erste wach, und dann mache ich Frühstück, wenn der Kühlschrank was hergibt. Abends komme ich wieder mit etwas zu essen oder einem

Pullover. Man muss flexibel sein in seinen Wünschen, das ist der Trick. Weil Ronny krank ist, ist Ronny besorgt um mich, das ist nicht logisch, aber es ist Ronnys Logik. Während er zu Hause bleibt, strickt er lange bunte Würste. Vergiss deinen Schal nicht, sagt er dann, wenn ich das Haus verlasse. Und meint die Würste, die mir peinlich sind. Oder: Nimm meine Handschuhe! Und das ist schon besser, das mache ich dann.

Das alles erzähle ich dem Jungen nicht. Nicht, nachdem er den Weg zu sich nach Hause vor mir hergelaufen ist (warte, nicht so schnell), nicht, nachdem er in einen großen Garten eingebogen ist, nachdem er die schwere Haustür aufgeschlossen hat, nicht, nachdem er mir auf der Treppe die blutigen Spuren des Sturzes seiner Schwester gezeigt hat, und auch nicht, während er jetzt im Ledersofa versinkt. Auf seinem Schoß eine große Schale Cornflakes, mehr Zucker als Milch, so sehr knirscht es, während er kaut. Ich sage, dass Zucker schlecht für die Zähne ist. –Weiß ich. Dass ich selbst keinen Zucker esse, sage ich auch, nicht aber, dass es wegen meiner Angst vor dem Zahnarzt ist.

Von meiner Mutter erinnere ich, dass sie nie die Klotür hinter sich zugemacht hat, sagt der Junge plötzlich, es ist von als ihr klein wart, hat sie immer gesagt, als ihr noch so klein wart, dass ich euch niemals aus den Augen lassen wollte. Trotzdem fanden wir es ekelig. Ich nehme all meinen Mut zusammen und sage: Wenn wir schon beim Thema sind, kann ich vielleicht ein Bad nehmen? Der Junge kuckt überrascht, ein Bad? Wasserrohrbruch, sage ich, bei mir zu Hause, der hat alles überschwemmt, und jetzt ist das Wasser abgedreht. Wenn es dir nichts ausmacht. Wo ich doch schon da bin. Er nickt, sagt, meinetwegen, steht auf, ich folge ihm.

Das Badezimmer ist hell. Die Fliesen sind weiß und blitzblank gewischt, die Wanne steht frei. Bloß muffig riecht es, als hätte schon lange keiner mehr das Fenster geöffnet. Ein paar Handtücher hängen an der Wand, er sagt: Nimm dir ruhig ein frisches, deutet auf einen großen Holzschrank. Als ich ihn öffne, liegen darin Massen weißer Handtücher, weich wie Karnickel. Der Junge macht den Stöpsel in die Wanne, dreht an beiden Hähnen, es dampft. Willst du dableiben, frage ich. Du wirst doch nackig, sagt der Junge, aber dann sagt er doch, doch bitte. Er läuft aus dem Bad, ich ziehe meine Hose aus, mein T-Shirt, meine Unterhose.

Der Junge kommt mit einem Schuhkarton unter dem Arm wieder. –Magst du Superhelden spielen? –Klar. Er reicht mir eine der Figuren aus Plastik. Die Superhelden laufen meinen Unterschenkel entlang, meinen Oberschenkel, springen auf meinem Bauch, der aus dem Wasser ragt. Hab dich, rufe ich und schubse seine Figur ins Wasser. Das Wasser ist trüb, und ich frage mich, wann ich das letzte Mal so königlich gebadet habe. Hilfe, ich ertrinke, rufe ich. Der Junge erschrickt, und ich sage, hey, das war nur Spiderman, nicht ich. –Und Spiderman ertrinkt nicht, niemals. Ich mache noch ein paar Wellen, Walrossgeräusche und Unterwasserbeben.

Darf ich Shampoo, frage ich. Nimm das von meiner Schwester, sagt der Junge und zeigt auf eine der vielen Flaschen. Reichst du mir mal das Handtuch, sage ich, nachdem ich mir die Haare gewaschen habe. Ich rubble mir den Kopf, die Schultern, die Arme und Beine, ich trockne meinen Bauch und auch zwischen meine Beine fahre ich, als der Junge sich wegdreht. Alles an mir atmet. Hier, sagt er und reicht mir eine Tube Nivea-Lotion. Ich creme mir also den Körper ein, erst die Arme und die Beine, dann auch noch den Bauch und den Po, zu meinen Füßen komme ich nicht mehr, trotzdem ist die Tube beinahe leer danach. –Sorry! –Nicht schlimm.

Meine Klamotten fühlen sich steif an. Wie eine Rüstung, denke ich. Dass es wohl besser wäre, ich würde gehen, sagt der Junge kurz darauf, und ich muss, musste es fragen, Ronny, jetzt oder nie: Kann ich nicht hierbleiben? Der Junge kuckt misstrauisch. –Wie? Für eine Nacht bloß, sage ich. In meiner Wohnung ist doch Wasserrohrbruch. Deswegen. Ich lache den Jungen an. Wir könnten auch noch etwas spielen. Ich weiß nicht, sagt er und ich, dass ich ein Ghostbuster bin. Mit mir brauchst du keine Angst mehr vor Gespenstern haben. Okay, sagt der Junge, aber ich verstecke dich.

Montags hängen Ronny und ich an der Mission ab, am Bahnhof ist immer was los, hatte Ronny zu mir gesagt, da kannten wir uns noch keine drei Tage, ich war gerade erst in die Stadt gekommen. An der Mission gibt es montagmorgens Frühstück für alle. Ronny läuft dazwischen

Runden, um ein bisschen Geld für den Tag zu sammeln. Bisschen Kleingeld vielleicht, fragt er dann, und er hat immer einen Witz auf Lager. Zum Beispiel einmal zu einem Paar, die jeder ein Fahrrad bei sich hatten: Aufpassen. – Wieso? – Dort drüben lauern sie schon, die Fahrraddiebe. Dabei deutete er auf mich und die anderen. Der Mann und die Frau lachten, zückten ihr Portemonnaie, und Ronny lachte mit. Du musst zeigen, dass du weißt, wer du bist, dann kann man dir nichts anhaben, hatte er gesagt. So kannst du dezent Kohle machen. Also los. Auf einer Bank hatte ein Mann gesessen. Als ich mich ihm näherte, winkte er ab, nee wirklich. Sein Ton genervt, bestimmt: Lass mal. Er hatte eine Bierflasche in der Hand. Du musst dir die Leute genau ansehen, hatte Ronny zu mir gesagt, wer zu sehr wie wir ist, den lässt du mal lieber.

Der Montagmorgen war der einzige Zeitpunkt, an dem Ronny noch das Haus verließ. Das lass ich mir nicht nehmen, sagte er, das nicht. Und: Was soll ich denn zu Hause, wo ich es hier so gesellig habe. Montagmorgen, das ist wie Klassentreffen. Wir hatten Spaß, wir aßen, wir tranken. Manchmal gab Ronny auch Auskünfte. Die Mauer, sagte er, wenn man ihn fragte, die Mauer, die war hier. Die Richtung, in die er dabei deutete, war vage. – Wer will es heute noch wissen, wo diese verdammte Mauer stand, was ich weiß, ist, wenn die noch da wäre, dann wär ich nicht hier. Dabei knabberte Ronny diese pikanten Rädchen, immer eine Handvoll, bevor er wieder ein paar Passanten ansprach. – Zigeunerrädchen, die sind mir am allerliebsten. Das sagt man nicht mehr, sagte ich und

Ronny: Gut, dann eben Paprika, ungarisch. Dass du immer alles besser wissen musst, wie man die Dinge sagt, wie nicht. Dann hatte er gelacht, ach was, es ist schon richtig.

Was ich von Ronny auch gelernt habe: An der Mission bekommt man mehr Geld zusammen als auf den Bahnsteigen. Dort sind die Menschen ungeduldig. –Kommt der Zug noch nicht? Wo bleibt er denn? Auf den Gleisen kommt außerdem auch immer gleich die Sicherheit, patrouilliert zu zweit, mit ihren breiten Gürteln und Bahnmützen, schon da, kaum dass sie einen von uns auf ihren Bildschirmen entdeckt haben.

Im Zimmer des Jungen liegen gefaltete Papiere auf dem Boden. –Was ist das? Übungen, sagt er. –Übungen wofür? Worte suche er. Ich falte ein Papier auf, darauf steht zwanzig Mal *weird*, zwanzig Mal *insecure*, zwanzig Mal *what is the point* und neunzehn Mal *i hate you*. Da hast du eines vergessen, sage ich, und überhaupt würde das I in ich immer großgeschrieben, so viel weiß ich, denn auch ich bin bis vor Kurzem noch zur Schule gegangen. Weiß ich, sagt der Junge trotzig. Wir schweigen uns an. Woher nimmst du denn die Wörter, frage ich. Er gehe gerne in die Stadtbibliothek, das mache er, wenn er warte, und dort suche er dann nach guten Wörtern. Und die kopiere er. Alles hier rein, sagt er, tippt an seinen Kopf dabei, über die Hand, so habe er das gelernt.

Zweimal die Woche gehe auch ich in die Stadtbibliothek, sage ich, komisch, dass ich dich dort noch nie gesehen habe, oder? Was ich nicht sage: dass ich kurz vor

Schluss hingehe, auf die Toilette verschwinde und mich dort kämme, meine Zähne putze, meine Achseln wasche, wenn nötig. Und nötig ist immer. Wasser, hatte Ronny gesagt, Wasser gibt es hier nicht. Aber von Ronny weiß ich, wo es Wasser gibt. Und Wissen ist alles, hat Ronny gesagt, dumm sterben ist nichts. Das hat Ronny gesagt und dumm gestorben ist er nicht. Tot ist er trotzdem, und ich will nicht von ihm sprechen, jetzt nicht, will dem Jungen nicht erzählen, wie ich vorgestern vom Prokurieren nach Hause kam und wie vor dem Wohnhaus ein Polizeiauto und ein Leichenwagen standen, wie ich zugesehen habe, als ein Sarg aus dem Treppenhaus rausgetragen wurde, und wie ich die Nachbarin, die dastand, gefragt habe: Ist es Ronny? Und sie nur genickt.

Einmal, ganz am Anfang, als ich Ronny erst kurz kannte, da hat er mir erzählt, dass er zum Sterben in die Stadt gekommen sei. – Ist wie mit den Katzen, die suchen sich eine Ecke, eine dunkle und stille, und da rollen sie sich dann zusammen, bis das Leben vorbei ist. Ich schlucke. Den Geruch in der Stadtbibliothek, den liebe ich, sage ich. Und das Gefühl, wenn man im Bus dran vorbeifährt und es draußen regnet und drinnen die Bücherregale hell erleuchtet sind. Dass es wie Weihnachten sei, sage ich, und im nächsten Moment ist es mir ein bisschen peinlich. Doch der Junge nickt, ernst und aufrichtig.

Da bin ich, ruft plötzlich eine Männerstimme von unten. Oskar? Ich muss, sagt der Junge, dessen Namen ich jetzt kenne, und ich schließe die Schranktür hinter mir, sicher ist sicher. Später, nachdem der Junge zu Tisch war, nachdem er seine Zähne geputzt hat und zurück im Zimmer seinen Schlafanzug angezogen hat, nachdem er im Schlafanzug noch einmal in die Küche geschlichen ist und dann von unter seinem Schlafanzugoberteil eine Stulle, dick mit Butter beschmiert, hervorgezogen hat, die ich hungrig verschlungen habe, später also schnarcht der Junge, sägt richtig. Oh Mann! Ich lausche seinem Atmen und ich denke, dass es angenehmer ist, jemand furzt im Schlaf, denn er schnarcht. Weil es leiser ist, und nicht so kontinuierlich. Auch wenn es Kinderschnarchen ist. Irgendwann mache ich trotzdem die Augen zu.

Kommst du wieder, fragt der Junge am nächsten Morgen, und ich sage, klar. Ich sage: Wenn du zur Schule gehst, hole ich dich ab.

An der Bahnhofsmission ist kein Ronny. Es ist auch nicht Montag, trotzdem sehe ich Bekannte. Joszef, rufe ich, und Joszef winkt, kommt mit Mayki und Hektor. Sind sie seine Söhne oder Enkel, hatte ich Ronny gefragt. – Vielleicht auch seine Neffen oder Brüder. Wir wissen es nicht. Es ist auch nicht so wichtig, wenn ich ehrlich bin. Ihre Gesichter sind älter als ihre Körper. Ich setze mich neben Mayki, der ganz sicher der Jüngste von ihnen ist. Als wäre er mein Bruder, so bin ich mit ihm, lehne meinen Rücken an seinen, feixe. Mayki bleibt unbeweglich, trinkt sein Bier aus und kippt dann die letzten Tropfen auf den Gehweg. Joszef und er sammeln Pfandflaschen und machen Musik. Hektor arbeitet tageweise, heute nicht. Willst du auch mal, hatte Ronny mich gefragt, nachdem wir Joszef das erste Mal getroffen hatten, damals noch ohne Mayki. Flaschensammeln, meine ich. Niemals, hatte ich zu Ronny gesagt und er: Musst ja nicht. Solange du dazu beiträgst, dass wir ausreichend haben. Hat schließlich jeder ein Recht, sich seinen Beruf frei zu wählen.

Dass Geld überbewertet sei, hatte Ronny auch einmal gesagt, beim Kämmen schnorre ich immer nur so viel, wie ich brauche, mehr brauche ich nicht. Kämmen, so hat er das Prokurieren genannt. Was habt ihr denn gestern verdient, frage ich Mayki, und weil er nicht zu verstehen scheint, sage ich: Geld, Moneten, wie viel? Bin ich Jesus, bin ich Superman, er schnaubt, ich bin zwölf (aha!), woher soll ich das wissen?

Ich reihe mich in die Schlange ein, nehme zwei Scheiben Toastbrot und Hagebuttentee. Was für eine Brühe, würde ich zu Ronny sagen. Und er: Brühe, aber warm. Wenn Ronny da wäre, würde er auch noch die Croissants holen. Habt ihr noch, von diesen in Plastik, mit Marmelade, frage ich. Die Frau mir gegenüber nickt. Klar, sagt sie. Ich nehm für meinen Kumpel auch gleich, ja? Dass Ronny nicht mehr kommt, sage ich nicht. Ich verstaue die Croissants in meinem Rucksack, eine Kugel vorne, eine hinten. Ob der Junge sich darüber freuen wird? Ich laufe in den Bahnhof hinein, gehe auf einen der Bahnsteige, steige in den ICE ein, im Bordbistro sitzen ein paar wenige Menschen. Ich spreche einen an, der wie ein Familienvater aussieht, ich sage, dass ich noch etwas Geld bräuchte, bin 'ne Ausreißerin, verstehen Sie? Und dass ich nach Hause wolle. –Wie viel brauchst du denn noch? –Noch fünf Euro.

Der Mann langt in seine Hosentasche, zückt sein Portemonnaie, darin Scheine in allen Farben, rote und blaue und grüne auch, er drückt mir fünf Euro in die Hand. Komm gut nach Hause, sagt er.

Als der Zug weg ist, gehe ich an das Ende des Bahnsteigs, ganz ans Ende, dorthin, wo die Sonne scheint. Durch den schwarzen Stoff meiner Hose spüre ich das Sonnenlicht, als wäre ich nackt, als gäbe es meine Kleidung nicht. An meiner Hand immer noch der Niveageruch. Wonach riechst 'n du, würde Ronny nicht sagen, weil mir Ronny niemals so nahe kam, dass er mich riechen konnte. Reine Vorsichtsmaßnahme, hatte er gesagt, ist schon mal schiefgegangen.

Ich setze mich auf eine Bank und warte. Auf dem Bahnsteig fährt ein Güterzug an mir vorbei. Laut schiebt er sich und seine Fracht durch den Bahnhof. Das muss es sein, was der Junge an der Verkehrsinsel mag. Als die Sonne weitergewandert ist, gehe ich zur S-Bahn. Bin dann mal prokurieren, würde ich zu Ronny sagen, und: Hast du die Container gesehen? Wie große Tiere auf Stelzen, müssten doch jeden Moment losmarschieren, oder nicht? Und Ronny würde sagen: Wie Tiere, ja. Wenn das eine andere Welt wäre, ja, würde Ronny sagen, flüstere ich, wenn er noch da wäre, bestimmt.

Zusammengehen

Als ich meinen Namen höre, spüre ich ein Zittern in meinen Knien, trotzdem stehe ich von der Holzbank auf, auf der ich gewartet habe, folge der Beamtin in ein Zimmer, die Decken vertäfelt mit eingelassenen Spots. Der Raum ist karg, vielleicht ein Besprechungszimmer. –Wasser? –Ja, bitte. Ich setze mich, sie reicht mir ein Glas. –Danke. Was denken Sie, wie Sie abgeschnitten haben, fragt sie mich dann, nachdem auch sie sich gesetzt hat, sich die Brille zurechtgerückt hat, vor ihr ein Notizblock. –Ganz gut, denke ich. –Wie haben Sie sich denn vorbereitet? –Darf ich ausholen? Und dann erzähle ich einfach, erzähle ihr die ganze Geschichte.

Manchmal sitze ich am Fenster, und dann frage ich mich, wie es wäre, mich fallen zu lassen, hat mein Bruder gesagt. Als zöge ihn etwas. –Es wäre ein kurzer Moment, in dem mein Körper sein kann wie jeder andere Körper. Einen kurzen Moment lang, im Fall. Ach was, habe ich gesagt. Wenn ich auf dem Laufband stehe und langsam die Geschwindigkeit hochdrehe, erst zehn, dann zwölf, dann fünfzehn Stundenkilometer, und meine Füße im Laufschritt aufsetze, dann frage ich mich auch manchmal, wie es wäre, einfach stehen zu bleiben. Wie in einer Dauerschleife spult sich dieser Film dann in mir ab: wie ich laufe, anhalte, falle, und wie ich mit dem Gesicht am Ende des Laufbandes aufschlage. Immer falle ich dabei flach wie ein Brett. Mein Bruder hat gelacht, zögerlich, dann bin ich ja beruhigt, hat er gesagt. Dann bin ich ja doch nicht der Einzige in der Familie, der Sehnsucht nach dem Fallen hat.

Wenn wir armdrücken, dann gewinnt mein Bruder, immer. Seine Arme sind sehnig. Wie viel Kraft in ihnen steckt, das will man gar nicht glauben, wenn man ihn sieht. Seine Schultern sind knochig, und wenn sein rechter Arm meinen langsam, aber sicher nach unten drückt, wackelt sein Kopf dabei immer. Der Unterkörper meines Bruders ist ganz schön schmal. Seine Oberschenkel sind so dünn, dass die Knie wie Tennisbälle an Stöckchen aussehen. Und die Füße sind gekrümmt wie Bananen. Sie tragen ihn nicht, haben ihn noch nie getragen. Manchmal zucken seine Beine auch unwillkürlich. Dann drückt er sie mit beiden Händen in die Polsterung seines Rollstuhls. Na, sagt er dabei, als hätten die Beine ein Eigenleben, als gelte es, sie mit Worten zum Stillhalten zu bewegen. Die Haut meines Bruders ist trocken wie Erde, wenn es lange nicht geregnet hat, fühlt sich an wie die Schuppen einer Eidechse. Das kann ich sagen, weil ich als Kind mal eine gefangen habe. Sie warf ihren Schwanz ab, in Panik. Kuck mal, habe ich zu meinem Bruder gesagt, und er nur: Wie grausam! Also so hat er es nicht gesagt, er hat Wie-hie grau-hau-sa gesagt, denn wenn mein Bruder spricht, dann zieht er nicht nur die Worte lang, er hackt sie auch ab. Als Kind habe ich unsere Mutter einmal gefragt, warum das so ist. Und sie: Weil auch seine Kehle krampft. Mein Bruder und ich sind nicht einmal ein Jahr auseinander. Kaum war er geboren, war unsere Mutter schon mit mir schwanger. Und kaum war ich geboren, war klar, dass mit den Beinen meines Bruders etwas nicht stimmt. Als ich dann Fahrradfahren gelernt habe, hat er seinen ersten Rollstuhl bekommen, der war klein und hatte hinten einen pinkfarbenen Wimpel dran. Seither schlägt er mich im Armdrücken, mein Bruder.

Mein Bruder und ich sind auf dieselbe Schule gegangen. Die Schule fiel mir leichter, was auch daran liegt, dass man es mir leichter gemacht hat. Wenn er nervös ist, krampft seine Kehle stärker, man versteht ihn dann kaum, was ihn umso mehr ärgert. Es zwingt seine Zuhörer, sich Zeit zu nehmen. Ganz schön viel Zeit, wenn ich ehrlich sein soll. Jedes Jahr musste er mehr darum kämpfen, dass man ihn weiter zur Schule gehen ließ. Eine Maßnahme wäre gut für ihn, sagte seine Klassenlehrerin nach der Neunten. Es gebe da doch diese Werkstätten. Mein Bruder aber blieb. In der großen Pause trafen wir uns auf dem Schulhof, dort waren wir ein Team. Jeder, der wollte, durfte gegen meinen Bruder im Armdrücken antreten, und ich nahm die Wetten entgegen. –Na, willst du mal? Wer traut sich? Und es gab wirklich viele Jungs, die dachten, sie könnten es mit meinem Bruder aufnehmen. Was soll ich sagen, er und ich, wir hatten ein gutes Leben.

Als unsere Mutter davon Wind bekam, da hat sie gemeint, ich solle meinen Bruder nicht ausbeuten. Von wegen ausbeuten, habe ich gesagt, das war doch seine Idee, und: Behandle ihn nicht wie einen Behinderten, er ist der stärkste Junge auf der ganzen Schule, vielleicht sogar im Landkreis.

Ich gebe es zu, wir hatten auch Streit, mein Bruder und ich. Einmal stand ich vor ihm und plötzlich, da boxte er mich von unten in den Bauch. Und bevor er bis drei zählen konnte, lag er schon auf dem Boden, wie ein Fisch an Land, der das Wasser sucht, sah er aus, als er seinen Körper von mir weghievte. Ich folgte ihm, warf meinen Schatten über ihn, wie ein Turm Unheil. Na, sagte ich, wer ist hier der Stärkere? Und er nur: Du Arschloch. – Wie nennst du mich? Und wie der Fisch, der wieder ins Wasser findet, hatte er Glück, denn unsere Mutter ging dazwischen. Ich hätte ihn sonst platt getreten, das schwöre ich. Hör auf, sagte sie zu mir, und zu ihm: Warte, Schatz, ich helf dir. Lass mich, brüllte mein Bruder. Ich kann das alleine. Dann stellte er seinen Rollstuhl wieder auf, zog die Bremsen an und zog sich hinauf, bis er sich drehen konnte und schließlich wieder obenauf saß. Ich sah ihm dabei zu, und als er fertig war, sagte ich: Tut mir leid, Brudi. Und er nur: War ja nichts.

Das alles erzähle ich, weil mein Bruder der Grund ist, dass ich es überhaupt bis hierher geschafft habe. Wir waren Bier trinken, als ich ihm das erste Mal von meinem Entschluss erzählt habe, hatten schon ein paar gehoben, und aus dem linken Hosenbein meines Bruders lugte der Urinbeutel hervor. Sag mal, sagte ich zu ihm, meinst du nicht, dass du mal zur Toilette musst? –Wieso? Er sah mich an, dann an sich herunter. Oh, sagte er. Brauchst du Hilfe, fragte ich, und er: Ach was, fuhr vorsichtig um den Tisch herum, drückte mit der rechten Hand die Klinke hinunter, während er mit der linken sich selbst durch die Tür schob. Keine Minute war vergangen, da stürmten zwei junge Frauen aus der Toilette, wie ekelig, sagte die eine zur anderen. Als mein Bruder wiederkam, kam die Kellnerin an unseren Tisch: Sag mal, mir scheint, es gab ein Problem da drin? Und mein Bruder: Ich bin wie immer in die Kabine gefahren, und du weißt ja, bei euch ist es nicht gerade barrierearm, also lass ich eben die Tür auf. Ich mach also grad den Verschluss an meinem Urinbeutel auf, strecke mein Bein lang und entleere meinen Beutel in die Kloschüssel, da kommen die beiden rein. Hätte ich gekonnt, sagte mein Bruder, ich hätte die Tür schon zugemacht. –Darf ich euch noch was bringen? Die Kellnerin jetzt betont fröhlich. –Noch mal zwei Große.

Ich habe ihm dann also davon erzählt, dass ich mich für die Prüfung angemeldet habe. –Hast du nicht! –Doch, habe ich. Ich habe genickt. Schweigen, dann: Mein Bruder stabilisiert mit beiden Händen seinen Kopf: Und was willst du da? –Für Recht und Ordnung sorgen. –Recht und Ordnung, dass ich nicht lache. Weißt du nicht mehr, letztes Jahr? Als ich bei der Demo gegen die Zwangsräumung dieses Infoladens war, und wie mich diese Polizisten von da weggetragen haben, zwei mich einfach aus dem Rollstuhl gehoben haben und zwei andere meinen Rollstuhl hinterhergeschoben? Wie sie mich an einer Straßenecke wieder reingesetzt haben, knapp an der Bordsteinkante, keine Absenkung oder Rampe in Sicht, das Kopfsteinpflaster aufgerissen und verwachsen, weißt du das nicht mehr, wie ich dich dann angerufen habe? –Doch, klar, weiß ich. –Das haben die mit Absicht gemacht! –Das weißt du nicht.

Dann kam Young Krillin im Radio, und mein Bruder hat gesagt: Ist doch eine Schande. –Ja, klar, aber warum musstest du da auch hingehen, ich meine, dahin, of all places! So autonom bist du doch gar nicht. –Das meine ich nicht, hat mein Bruder gesagt. –Sondern? –Dass Cloud Rap das Inklusivste ist, was dieses Land zu bieten hat.

Später habe ich ihn nach Hause gebracht. Er hat gesagt, ist nicht nötig, besser wär's, du lässt dein Auto stehen. Aber ich habe darauf bestanden. Lass mal, hat mein Bruder gesagt, als ich ihm aus dem Rollstuhl helfen wollte, von einem Betrunkenen lass ich mich doch nicht rumtragen. Selber, habe ich gesagt. Während er sich anschnallte, habe ich den Rollstuhl im Kofferraum verstaut. Mach mal zackig, hat mein Bruder gesagt, und ich: Hast du noch nie von Geschwindigkeitsbegrenzung gehört? –Ach was, wenn die Polizei uns anhält, dann sagst du denen einfach, dass du bald einer von ihnen bist. Vor seinem Haus habe ich eine Vollbremsung hingelegt. Ich bin ausgestiegen, habe die Beifahrertür geöffnet, den Rollstuhl schräg an das Auto gestellt. Mein Bruder hat sich aufgestützt, sein Becken gehoben, auf der Kante des Autositzes noch einmal abgesetzt. Jetzt darfst du, hat er gesagt, und ich habe ihn also in den Rollstuhl gehoben. Soll ich dich noch hochbringen, habe ich gefragt. Und mein Bruder: Bloß, wenn du mir noch etwas erzählen willst.

Mein Bruder und ich reden viel über Sex. Weil er keinen hat, erzähle ich ihm, was ich mit den Frauen mache, mit denen ich schlafe. Das war schon immer so, schon seit meinem ersten Mal. Aber erzähl es mir schön, sagt er immer, weil er romantischen Sex mag. Also erzähle ich schön und romantisch. Der Schwanz meines Bruders ist meistens schlaff, bloß manchmal reagiert er auf Manipulation, zumindest sagt er das. Dass er noch nie mit einer Frau geschlafen hat, stört ihn nicht, sagt er auch. Einmal habe ich ihn gefragt, ob ich ihn zu einer Prostituierten bringen soll. Es gibt da welche, habe ich gesagt, die sind spezialisiert auf Männer wie dich. – Männer wie mich? Mein Bruder hat mich eindringlich angesehen. Ich werde die Richtige schon finden, hat er geantwortet. Und dann werde ich sie heiraten und Kinder mit ihr haben. – Und wie willst du das machen? In vitro, hat mein Bruder gesagt, dass das alles kein Problem sei. Und dass er sich auch schon überlegt habe, vielleicht würden sie dann Sperma kaufen. – Wegen der Gene. Aus Dänemark kannst du es dir bequem schicken lassen. Das kommt in der Kühlbox zu dir nach Hause, und dann kann sich die Frau damit ein 1-A-Kind machen. Sogar Kinderfotos der Spender und Audiobotschaften gibt es dazu. Kuck mal, hat mein Bruder gesagt, sein Handy aus der Tasche gezogen. Seine Hand zitterte, während er die Adresse der Website eingab. – Schlechter Tag? – Geht schon. Muss ja.

Seit ein paar Monaten hat mein Bruder einen künstlichen Darmausgang. Er hat sich ein Loch in den Bauch schneiden lassen, links auf der Höhe seines Bauchnabels. Als er von dem Eingriff erzählt hat, musste ich fragen, ob man sein Poloch nun zunähen würde. Da hat er gelacht. –Wird einfach vorher umgeleitet. –Und wieso machst du das? –Erwachsener Mann in Windeln, das ist doch nicht feierlich. Ist aber noch gar nicht so lang, dass du erwachsen bist, habe ich gesagt. Manchmal, aber nur manchmal, hat mein Bruder dann gesagt, wünsche ich mir Beine, die laufen können. Weil ich einfach gern wüsste, wie es sich anfühlt, hat er gesagt. Wie die Welt von weiter oben aussieht. Ist gar nicht so aufregend, habe ich gesagt.

Vor Jahren habe ich unsere Mutter am Telefon belauscht. Sie schluchzte im Nebenzimmer, also stand ich von meinen Matheaufgaben auf, ging in den Flur und drückte sachte die Tür auf. Sie war am Telefon, und dann sagte sie: Am Anfang waren es zwei, in den ersten Wochen meiner Schwangerschaft, da waren es zwei Embryos. Dass einer dann noch verschwindet, das kommt vor, *vanishing twin* nennt man das. Und manchmal, sagte sie dann, da wünsche ich mir, ich wünschte, es wären beide abgegangen. Ihr Schluchzen wurde dabei heftiger, dass ich nicht diesen Sohn hätte. Davon habe ich ihm nie erzählt, meinem Bruder. Wieso auch. Stattdessen bin ich zu meinem Bruder gegangen und habe gesagt: Wenn ich groß bin, werde ich Polizist und räche jede Ungerechtigkeit. Und ich werde Robocop, sagte er. –Robocop? –Mit Beinen aus Stahl und mit Waffen! Dass er das im Fernsehen gesehen habe, sagte er, da hast du schon geschlafen.

Als wir Kinder waren, machte mein Bruder ständig Therapien. Mal war er wochenlang auf Kur, dann wieder zu Hause mit Geräten, Apparaten und Maschinen. Eins nannte er nur: das Foltergerät. Es war eine Art Standgerät, ein Stehständer? Keine Ahnung, wie das richtig heißt, da hat man ihn reingepackt, und dann wurde er stundenlang gestanden. Ich war neidisch, weil er dabei fernsehen durfte. Heute ist mein Bruder ein großartiger Schwimmer. Mit einem Flatschen lässt er seinen Körper ins Wasser fallen und dann paddelt er wie ein Welpe kurz vor dem Ertrinken. Was lächerlich aussieht, keine Frage. Aber effektiv ist es, er bleibt über Wasser, und das ganz ohne Beinkraft, wer kann das schon von sich sagen. Drei Mal in der Woche geht mein Bruder schwimmen. Außerdem arbeitet er in einer Versicherungsanstalt. Abends kuckt er im Fernsehen Krimis. Und er zockt gern, am liebsten im Internet. Sein Lieblingsspiel war lange Zeit ein Star-Trek-Game, aber das wurde eingestellt. Am letzten Tag, bevor es abgeschaltet wurde, hat sich mein Bruder extra freigenommen, damals war er noch in Ausbildung. Hat den ganzen Tag am Computer verbracht, bis am Abend das Spiel vorbei war. Freunde hat mein Bruder kaum. Dafür hatte er immer schon Betreuer, Pfleger, Assistentinnen und Therapeuten. Mein Bruder ist rundum versorgt, da bleibt wenig Zeit für Privates.

Ich will dich trainieren, hat mein Bruder also gesagt, am Telefon, am Tag, nachdem ich ihm von der Prüfung erzählt habe. – Ich will mit dir in die Fitte. – Was? – Mein ganzes Leben lang hänge ich schon an Geräten dran.

Denkst du, ich krieg das nicht hin? Ich bin jetzt dein Trainer. Also bin ich mit meinem Bruder zum Sport gegangen. –Das ist die Klimmzugmaschine. Das hier der Butterfly und das ist der Latzug. Ich habe meinem Bruder aufmerksam zugehört. –Woher weißt du das alles? Jahrelanges Training, hat mein Bruder gesagt, was denkst du denn, was ich auf all den Kuren gemacht habe. Also los, womit willst du anfangen? Erst Arme, dann Bauch, dann Rücken, habe ich gesagt, später dann noch Ausdauer. Mit seinem Rollstuhl ist mein Bruder dicht an die Klimmzugmaschine rangefahren, hat die Bremsen angezogen und mit den Händen nach oben gegriffen, hat seinen Unterkörper auf das bewegliche Unterteil gezogen. Stell mal die Gewichte ein, hat er gesagt, und ich: Wie viel? Mach zwanzig, hat mein Bruder gesagt. –Zwanzig?! –Ja, Mann! Dazu muss man wissen, dass mein Bruder im Ganzen nur etwas über vierzig Kilo wiegt. Ich habe also die Gewichte eingestellt. Mein Bruder machte eins, zwei, drei, er machte fünfzehn Wiederholungen, dann Pause. –Jetzt du, aber lass mal klein anfangen. Nachdem ich auch einen Satz mit zwanzig Kilo gemacht hatte: Los, pack mehr drauf. Im zweiten Satz hat er fünfundzwanzig Kilo zwölf Mal hochgezogen. Und im dritten Satz dann zweiunddreißig Kilo, zehn Mal, zehn Mal zweiunddreißig Kilo! Und, hat er gefragt, spürst du es schon? –Was jetzt genau? –Dieses Brennen. Schmerz und Lust sind zwei Seiten derselben Medaille, das gilt beim Pumpen wie auch ... Das gibt's doch nicht, sagt in diesem Moment einer, und ehe ich reagieren kann, sagt mein Bruder: Mensch, der Heiner.

Und dann gab es ein Hallo und ein Wie geht's und ganz schön viel Schulterklopfen. Dieser Heiner war in der Schule eine Stufe über meinem Bruder, ziemlicher Rüpel. –Und geschlagen hast du mich jedes Mal im Armdrücken. Was machst du hier? Trainieren, hat mein Bruder gesagt. Der Kleine hier will Polizist werden, da muss man ihn doch vorbereiten. –Polizist, echt? Bundespolizei, habe ich gemurmelt.

Du musst ein Ziel haben, hat mein Bruder gesagt. Musst dir vorstellen, wo du hinwillst, du musst es richtig vor Augen haben, wie einen Film. Und ich wusste ja, wo ich hinwollte. Jede Woche hat mein Bruder mir mehr Gewichte auf die Geräte gepackt. Während er schon pumpte, war ich noch auf dem Laufband. Ich versuchte, meine Zeit zu verbessern, machte Intervalltraining. Dann fing ich an, mit Gewichten zu laufen. Erst zehn Kilo, dann fünfzehn, dann zwanzig und mehr, die packte ich mir in einem Rucksack auf den Rücken und so lief ich dann. Während ich lief, ließ ich am liebsten meinen Blick schweifen: Da waren Menschen mit Körpern in allen Staturen, große, dicke, kleine, junge, alte, Frauen und Männer, der Geruch von Schweiß auf engem Raum, trabten sie auf den Geräten, steppten oder walkten, drückten Gewichte mit ihren Armen oder Beinen, und schon waren wieder ein paar Minuten vergangen.

Es war letzte Woche, als ich schließlich zu meinem Bruder gesagt habe: Komm. Ich will dir was zeigen. Zieh die Bremsen an. Ich bin vor ihm in die Hocke gegangen. –Was machst du da? –Ich nehm dich huckepack, wie früher, wenn wir im Wasser Hahnenkampf gespielt haben. Also spring auf. Und er ist nicht gerade gesprungen, aber mein Bruder hat mich um die Schultern gefasst, und ich habe mit meinen Armen seine Beine an meine Hüften gehoben. Dann bin ich zum Laufband. Pass auf, habe ich gesagt, langsam habe ich die Geschwindigkeit hochgeschaltet, bin gegangen, ging schneller, ich lief los. Ich bin gelaufen und habe dabei meinen Kopf so gedreht, dass mein Gesicht ganz nah an dem meines Bruders war, und dann habe ich gesagt: Mach die Arme in die Luft, ich hab dich. Und als er meine Schulter losgelassen hat, habe ich gesagt: So fühlt es sich an, das Laufen. Und dann habe ich meine Augen zugemacht und habe meinen Bruder gelaufen.

Die Beamtin mustert mich. –So haben Sie sich also vorbereitet. –Ja. –Und dann? Ihre Augen wirken seltsam vergrößert hinter ihrer Brille. Und dann was, frage ich. Was ist dann passiert, fragt sie. Ich bin hingefallen, sage ich. Laufen mit geschlossenen Augen ist nicht so einfach, als müsste man den Füßen zusehen bei dem, was sie so selbstverständlich machen. Das Band hat mich abgeworfen und ich bin ins Straucheln gekommen und als ich mich wieder nach vorne kämpfen wollte, ganz einfach über meine eigenen Füße gestolpert und der Länge nach hingeknallt. –Und Ihr Bruder? –Hat sich an mir festgekrallt. War ein ganz schön harter Fall. Aber ich bin wieder aufgestanden.

Weltuntergang

Und dann die Explosionen, die Feuerwerke, massive Zerstörung! Während andere dem auf ihren Raumschiffen beiwohnen, seid ihr in Helmuts Raumstation. Fünf Etagen lauft ihr hoch, oben dann die Kommandozentrale wie Picard persönlich, das Dach aus Glas, so habt ihr 360-Grad-Sicht, um dem Spektakel in seiner ganzen Pracht beizuwohnen. Und eine Pracht ist es in der Tat. Kein Planet weit und breit, den ihr nicht erkundet habt, alles auf Abriss, also raus, raus, raus mit dem Geld, noch einmal auf den Putz gehauen und kaufen, kaufen, kaufen, was man für Geld eben kaufen kann, Kanonen und Raumschiffe, die nicht mehr zum Einsatz kommen, klick, klickklick, fotografiert ihr mit geübten Tastenfingern, was gerade noch da ist, als Screenshot für die Ewigkeit bewahrt, weil es das Hier und Jetzt nicht mehr ewig gibt.

Ich muss etwas sagen, schreibst du, weil dir ganz feierlich zumute ist, Dekaden, schreibst du, in denen wir hier gesiedelt haben, in denen wir den Weltraum urbar gemacht haben, Raumschiffe und Raumstationen gebaut haben, Planeten erkundet und überhaupt das ganze Weltall, denn als wir hier ankamen, da war alles noch unerforscht und die Grafik noch einfach.

Applaushände im Chatfenster.

Und jetzt das, unsere Welt für beendet erklärt, die letzten Animationen noch am Laufen ... Und in dem Moment poppt schon das Fenster auf, das du gefürchtet hast: *Verbindung zum Server unterbrochen*. Dann ist alles eingefroren. Einen Moment lang sitzt du still vor deinem Bildschirm, kommt da noch was? Das wars dann, tippst du in den Chat.

Und Koller: Erinnert ihr euch noch an den Anfang?

Und du: Klar, das war kurz bevor der PC groß wurde.

Die Informatik boomte gerade zum ersten Mal, als ihr euch für das Studium eingeschrieben hattet, ohne dass irgendjemand sich schon vorstellen konnte, was das war, Informatik.

Helmut: Wenn mich jemand gefragt hat, was ich studiere, dann habe ich gesagt: ein technisches Studium.

Stimmte ja auch. Informatik, das war damals noch keine Erklärung. Tagsüber habt ihr Code mittels Lochkarten in die Rechenmaschinen geschoben, abends dann, wenn Helmuts Töchter im Bett waren, reihum an die Konsole: Tetris und Pacman, Dibbles und Leisure Suit Larry, manchmal auch Pitstop oder Elite. Noch in den Achtzigern war das, und sofort hattet ihr Arbeit, da war es egal, dass du deinen Abschluss nie gemacht hast. Dein Job waren erst mal Datenbanken. 1992, oder war es 1993, egal, Anfang der Neunziger war es, dass ihr eure Computer, die ihr bis heute Rechner nennt, vernetzt habt, das war kurz bevor das Netz kam. Und dann habt ihr, bis jetzt gerade eben, einundzwanzig Uhr null null mitteleuropäische Zeit, Star Trek gelebt und Star Trek geatmet.

Das erlebst du nur einmal, schreibt Koller. Dass ein Spiel abgeschaltet wird, vor deinen Augen!

Du nickst zustimmend, aber dein Textfeld bleibt leer. Ich leg mich dann mal, schreibst du dann, hab Frühschicht, heißt um neun auf Arbeit.

Koller: Wie ist es da?

Du: Muss ja.

Und dann: Wisst ihr noch, wie sehr wir geschimpft haben, als die Benutzeroberfläche kam und als plötzlich alle einen Computer haben wollten, obwohl die keine Ahnung hatten. Weil Computer zu bedienen keine Leistung mehr war. Jetzt wollen sie nur mehr Apps, Apps, Apps. Schlimmer als ein Elektronikmarkt, schreibst du, schlimmer ist nur noch die Elektronikabteilung in einem Karstadt!

Verstehen Sie mich nicht falsch, hatte die Frau auf dem Amt zu dir gesagt, aber Apps zu programmieren, das muss man heute niemandem mehr beibringen. Und dass es dabei nicht um die Programmierskills gehe, sondern um den Sinn fürs Geschäft, Start-up-Mentalität, Ein-Personen-Unternehmen, neue Selbstständige, Cloudarbeit, Sie verstehen?

Cloudarbeit, schreibst du, die wusste doch nicht einmal, was sie da sagt!

Helmut schickt ein Lach-heul-Emoji.

Und Koller schreibt: Immerhin arbeitest du weiter mit Maschinen.

Was die Maschine kann: Schreiben, Lesen und neuerdings auch Sprechen, sie kann Video- und Fotobearbeitung, diese Maschine kann mit Ihnen interagieren und sie kann Sie stundenlang beschäftigen. Sie können damit Ihre Steuer machen, Ihre Lohnarbeit und Ihre Freizeit organisieren, können Musik dabei hören oder Radio aus aller Welt und abends dann Filme ansehen, sogar Sex können Sie damit haben, aber auch nach wie vor einfach nur telefonieren, weil es schlicht nichts gibt, was diese Maschine nicht kann, sagst du. Und wissen Sie, wie sie das macht? Sie zerlegt alles in Daten, die sie in Pakete bündelt, und dass diese nichts anderes sind als Informationen. Genau genommen, sagst du, sind es elektrische Signale, Impulse, die weitergegeben werden, mehr ist es nicht. Ja, wirklich, sagst du. Mehr ist es nicht. Und die Kundin: Da muss ich jetzt noch mal drüber nachdenken. Dreht sich um, rückt die Tasche über ihrer Schulter zurecht, und da kommt er schon. Jetzt haben wir genau das, was wir nicht wollen, sagt Herr Rudi, sobald die Frau außer Hörweite ist.

Herr Rudi, der Abteilungsleiter, heißt wirklich so, und als er dich eingestellt hat, da hat er gesagt: Auf Probe, einen Monat, weil wir ein Unternehmen mit Werten sind. Das hier, hat er dann gesagt, das ist die Multimedia- und Elektronikabteilung. Die Kunden sind hier nicht kompetent, sonst wären sie nämlich in einem Fachmarkt oder im Internet. Jedes Mal, wenn jemand Sie anspricht, dann will er also bloß Bestätigung für eine Wahl, die er ohnehin schon getroffen hat. Oder sie, hat er dann gesagt, muss man ja jetzt immer dazusagen. Oberstes Gebot im Verkauf also: Immer Ja sagen. Oder: Gute Wahl. Kenne ich. Finde ich prima, ist klasse, na, Sie verstehen schon.

Aber was machen wir nicht, sagt Herr Rudi, seine Stimme kippt hier beinahe. Die Leute mit zu viel Informationen überfordern, die ihnen die Entscheidung nicht leichter machen, ganz im Gegenteil, die sie vom Kauf geradezu abhalten. Weil sie sich dumm fühlen, wenn Sie ihnen diese Dinge erzählen, von wegen Impulse und was weiß ich. Wenn Sie etwas erklären müssen, sagt Herr Rudi, dann sagen Sie es doch so, dass auch ein Laie oder eine Frau es verstehen. Und sprechen Sie über Megapixel und Megabytes, weil große Zahlen immer verkaufsfördernd sind. Ersparen Sie dem Kunden diese Hintergrundinformationen. Was wir verkaufen, sind Oberflächen. Okay, sagst du. – Keine Hintergrundinformationen.

Der Pausenraum ist grau, grauer Teppichboden, grauer Tisch, graue Stühle. Außerdem ein Kaffeevollautomat und eine Mikrowelle, daneben eine Spüle. Auf einem Tischchen stehen zusammengewürfelte Tassen und ein Behälter mit losen Teebeuteln. B-Ware und Werbegeschenke, denkst du. Du stellst eine Tasse mit verblassten Kätzchen in den Kaffeeautomat, wirfst eine Münze in die Kasse und drückst dir einen Cappuccino raus. Als die Maschine fertig gebrummt hat, nimmst du die Tasse in die Hand, bläst die Hitze von der schaumigen Oberfläche, trinkst einen Schluck. Hallo, sagt plötzlich eine Stimme hinter dir. Du drehst dich um. – Ich bin die Helga. Von an der Kasse. – Ich bin Informatiker. Aha, sagt Helga. Und du: Wie ist es so an der Kasse? – Ich sag mal so: Ich bin schon so lange dabei, die Kasse und ich, wir sind eine Einheit. Wenn ich tippe, dann denke ich dabei nicht mehr, meine Finger und der Bildschirm sind verbunden, als wären sie ein Körper. So hat man mehr Zeit für die Kunden, kann ihnen auch mal ein Lächeln schenken, bisschen scherzen, ihnen zu ihrer guten Wahl gratulieren, so was. Du bist ein Cyborg, sagst du. – Ein was? – Cyborg, das kommt von kybernetischer Organismus. Kybernetik, das ist die Wissenschaft der selbstregulierenden Systeme. Und ein Cyborg, das ist so ein Mensch-Maschinen-Wesen. Wie der Terminator, fragt Helga. – So ähnlich. Aha, sagt Helga und lacht. Und dann: Ich muss jetzt.

Du trinkst deinen Cappuccino aus, spülst die Tasse ab und dann dir den Mund aus, hebst die Linke vor dein Gesicht und atmest darauf. Riecht nach Kaffee. Beim Verkaufen wichtig, hat Herr Rudi gesagt, immer frischer Atem, gepflegtes Äußeres. Von den Hemden bekommen Sie gleich zwei, damit Sie täglich ein frisches tragen. Heißt bitte jeden Tag eins waschen. Bis vor zwei Jahren, da gab es bloß ein Hemd pro Verkäufer, das zweite habe ich eingeführt, als ich hierher befördert wurde, der jüngste Abteilungsleiter einer Multimedia- und Elektronikabteilung sei er und dass du dich darüber freuen könntest. – Worüber? – Die Hemden! Also: Nach der Pause, wichtig, bitte immer die Zähne putzen, Mundspray oder dergleichen benutzen, weil nichts ist schlimmer als Mundgeruch am Kunden.

Zurück an den Regalen ordnest du. Ordnung, sagt

Herr Rudi jedes Mal, wenn er vorbeikommt, und das tut er häufig, weil er dich wie eine Fliege umschwärmt, wie diese Fliegen im Serverraum, immer schwirrt da eine rum, wie die da überleben, kann sich keiner erklären. Ordnung, sagt Herr Rudi also, das ist Ihre eigentliche Arbeit. Und dass man die Kartons immer auf Kante zieht, alles auf Sicht. Weil die Regale prall gefüllt wirken müssen, die Ware muss sich anbieten, verstehen Sie, selbst wenn nur noch ein einziger Karton da ist.

Den ganzen Tag läuft im Hintergrund das kaufhauseigene Radio, das Angebote auslobt, die Hausmarke preist und so weiter, dazu noch die Geräusche aus den Bildschirmen und Stereoanlagen, die Vorführungen von Mixern und Staubsaugern, dies das. Die Stille nach Ladenschluss: Wenn der letzte Kunde gegangen ist, das blaue Licht der Flatscreens strahlt noch, während die Beleuchtung schon gedimmt ist. Das magst du, meldest dich freiwillig für die letzte Runde, um zu kucken, ob auch wirklich alles ausgeschaltet ist, dass sich keiner versteckt hat, ist alles schon vorgekommen, hat Herr Rudi zu dir gesagt, wenn Sie wüssten, das wollen Sie gar nicht wissen. Aus einer Musikanlage dudelt noch einmal der letzte Sommerhit, des-pa-cito, flüsterst du, als du sie abdrehst, was das wohl heißen mag? Brummt da noch ein Stabmixer, oder ist das die Belüftung? Die gehört dazu, wie die kosmische Hintergrundstrahlung zum Universum.

Zu Hause brätst du Kartoffeln, am liebsten isst du sie mit Ketchup und reichlich Salz. Während du die Kartoffeln wendest, läuft im Radio ein Hörspiel: Da ist ein Mann, der eine Maschine in die Welt baut, ohne erkennbaren Zweck, die ihm aber irgendwie sinnvoll scheint, dem Mann, der wiederum einen Sohn hat, der dagegen ist, gegen die Maschine. Und dann gibt es da noch einen Bürgermeister, wahrscheinlich muss es immer einen geben, der meckert. Und irgendwo anders gibt es zwei Mädchen, die die Maschine entdecken, und ganz zum Schluss spricht die Maschine selbst, sie sagt: *Ich lauf dem Tod voraus, ich trag der Engel Gewicht. Und ich werde, ja ich werde, ich werde sein*. Das ist der Schluss. *Die Bergung der Landschaft*, sagt im Abspann ein Mann, *ein Hörspiel von* ... Aber da drehst du schon ab, erst das Radio, dann den Herd.

Vielleicht stehen Sie sich bei den Computern selbst im Weg, sagt Herr Rudi am nächsten Morgen, schon wieder hast du Frühschicht. Ihr habt die Ware verräumt, gleich ist es zehn, dann schließt der Sicherheitsdienst unten die Türen auf. Von fern siehst du Helga, zaghaft winkst du, als Herr Rudi zu dir kommt: Letztendlich ist alles eine Frage der Einstellung, sagt er. Deswegen probieren wir heute gleich mal etwas Neues aus. Vielleicht steht dir das ja besser. Ständig wechselt er zwischen Sie und du. Ich kenn mich doch nur mit Computern aus, willst du sagen, weil du weißt, dass man Spannung durch Widerstand regulieren muss. Aber der Widerstand ist zwecklos. Stehst jetzt also zweites Regal links: Mixer, Toaster, Rührgeräte.

Kuckst dir die Preisschilder an, und bald schon spricht dich ein Mann an. –Ich suche einen Toaster. Und du: Einen Toaster, wirklich? Du zählst ihm die Nachteile eines Toasters auf, beispielsweise dass nach dem Wasserkocher die meisten Hausbrände von Toastern herrühren. Weil irgendwann die elektrischen Schranken aussetzen, sich der Toaster ohne Inhalt oder absichtliches Einschalten erhitzt, und schon haben Sie den Wohnungsbrand. Sowieso ist das einzige elektronische Gerät, das wirklich sinnvoll ist, ein Computer. Na ja, vielleicht noch ein Staubsauger. Der Mann sieht dich ungläubig an. Einen Toaster suche ich, sagt er, ein bisschen hebt er die Stimme dabei, also zeigen Sie mir, wo ich einen finden kann. Du deutest in eine ungefähre Richtung. Habe mich für den hier entschieden, sagt er, als er nach zehn Minuten wieder an dir vorbeikommt. Eine gute Wahl, sagst du, den habe ich schon dreimal verschenkt.

Du blickst auf die Uhr an deinem Handgelenk: Es ist kurz nach dreizehn Uhr. Hallo, sagst du zu Helga, als du den Pausenraum betrittst. –Strafversetzt, ja? Ach was, sagst du. Wenn man einen Rechner versteht, versteht man alle anderen elektrischen Geräte auch. Weißt du, was hier nämlich alles zusammenhält? –Nee, was denn? –Der Strom. Und weil man lange Zeit nicht wusste, ob Strom ein Zustand oder ein Prozess ist, befahl man einmal einem ganzen Kloster, sich auf einer Lichtung aufzustellen. Sechshundert Mönche kamen so zusammen, weil es damals noch große Kongregationen gab, die Kirchen waren damals begehrte Arbeitgeber, sozusagen, aber egal, diese sechshundert Mönche also, die haben sich in einem Kreis aufgestellt, und dann haben sie sich an den Händen gefasst. Und als sich alle so an den Händen hielten, da hat ein Letzter an einen elektrisch geladenen Gegenstand gefasst, und augenblicklich durchfuhr ein Zucken den Menschenkreis. Danach wusste man, dass Strom kein Zustand sein kann, dass es ein Prozess sein muss, der blitzschnell alles durchdringt, der in Sekundenbruchteilen alles erfasst.

Schöne Geschichte, sagt Helga, und gerade, als sie noch etwas sagen will, kommt Herr Rudi rein: Gut, dass Sie da sind. Würden Sie uns eine Minute geben, er blickt Helga an. Du ärgerst dich, spürst dein Herz pochen, wie du jetzt vor diesem Rudi stehst, der sagt: Tut mir leid. Aber es passt einfach nicht. Ihre Probezeit dauert jetzt noch drei Tage und die sollen Sie auch abschließen, keine Frage. Sie bekommen auch ein Arbeitszeugnis, weil bei uns alles seine Ordnung hat. Aber eine Übernahme kann ich Ihnen nicht anbieten. Die Zeiten sind hart, auch wir kämpfen, was wir also brauchen, sind Charisma, Talent, Motivation! Wir können hier niemanden mittragen. Und wo soll ich jetzt hin, fragst du. –Sie werden dann wieder beim Amt gemeldet, mehr kann ich dazu auch nicht … Ich meine, in welche Abteilung, sagst du. –Bis auf Weiteres bleiben Sie bei den Küchengeräten. Das sind Selbstläufer, sagt Herr Rudi, da ist der Schaden am geringsten.

Du gehst also zurück in die Küchenabteilung, ziehst Karton nach Karton auf Kante, auf Sicht. Auch dich wird es nicht mehr lang geben, denkst du, als du an Herrn Rudi denkst. Und dass davor schon Helga obsolet werden wird, das ist gewiss. Menschenfeierabend, denkst du, das ist es nämlich, Maschinenaufgang.

Nachdem du die Wäsche angestellt hast, fährst du deinen Rechner hoch, öffnest den Browser, schaltest die Lautsprecherboxen an. *Bergung* und *Landschaft* gibst du in die Suchleiste ein. Die Waschmaschine rattert schon laut, während du noch einmal ganz genau zuhörst: *Setz mich da hin*, sagt der Mann in dem Hörspiel, *setz mich da hin, sagt mir zum Beispiel ein so ein Ding. Und das ist es, was ich dann mit ihm mache. Wenn ich in meinem Leben noch etwas vollbringe, dann dass der Raum sich einräumt. Auf dass ich endlich wieder meine Ruhe habe.* Zufrieden hängst du die Wäsche auf, beinahe beschwingt, die Unterhosen und die Socken rechts, in der Mitte die Hosen und Handtücher, links die T-Shirts und dein Hemd auf einen Bügel. Du schiebst den Wäscheständer nah an die Heizung, damit das Hemd auch trocken sein wird an deinem letzten Arbeitstag.

Erst baust du heimlich, wenn nichts los ist, und dann baust du, obwohl du anderes zu tun hättest. Du vernetzt die Geräte, eines nach dem anderen schließt du sie an einen gemeinsamen Stromkreis an. Über Verteilerstecker hängt bald alles mit allem zusammen. Wenn dazwischen ein Kunde etwas wissen will, sagst du freundlich, aber bestimmt: Fragen Sie doch bitte meinen Kollegen, der kann

Sie sicher gut beraten. Und als dein Kollege aus der Küchenabteilung vorbeikommt, heißt er Martin, fragst du dich, oder doch Matthias, als er also zaghaft fragt, was du da machst, sagst du nur: Anschlüsse prüfen. Bis zur Mittagspause hängen dann alle Toaster, alle elektrischen Grills und alle Wasserkocher zusammen, die Geräte selbst sind in ihren Kartons, man muss schon zweimal schauen, um die Kabel zu sehen, die hinten oder unten aus den Kartons herausführen. Aber das reicht nicht, dazu kommen noch: die Lockenstäbe, die Glätteisen, die Kaffeemühlen. Die Waschmaschinen schließt du an die Wäschetrockner an, und dann noch die gesamte Multimediaabteilung, Fernseher und Stereoanlagen mit Rechnern und Scannern und Druckern. In der Mittagspause hast du Helga noch einmal im Pausenraum getroffen. Du hast sie gefragt, ob sie nach Schichtende noch auf dich warten kann. –Einfach draußen vor dem Eingang. –Und dann? –Ich will dir was zeigen.

Jetzt, in der Umkleide, trödelst du. Nachdem du dein Hemd ausgezogen und es gemeinsam mit dem zweiten in eine Plastiktüte gepackt hast, nachdem du deine Stunden eingetragen und dich damit ausgetragen hast, nachdem du in den Spiegel gesehen, deine Zähne auf Essensreste kontrolliert hast, denn es ist dir längst zum Zwang geworden, nachdem du also genau zweiundzwanzigeinhalb Arbeitstage lang vergeblich Geräte zu verkaufen versucht hast und deshalb nicht übernommen wurdest, worüber du dich eigentlich freuen willst, wäre da nicht schon der

Termin morgen um sieben Uhr vierzig auf dem Amt, wie das laufen wird, weißt du ja, nach diesem scheinbar erfolglosen Versuch also verlässt du festen Schrittes die Umkleide. Du schaltest das Hauptlicht aus. Vor dem Laden siehst du Helga. Dann steckst du den letzten Stecker ein. Es blitzt und Helgas Gesicht leuchtet auf. Und es knallt, und du lachst und schaust rüber zu ihr, für die du das auch machst, zu Helga, die aus sicherer Entfernung die Pracht betrachtet – und eine Pracht ist es in der Tat, die du da ins Werk gesetzt hast, und du mittendrin. Und dann ist es wieder still wie an jedem Abend, bis auf das Knacken der Flammen, die sich aus den Leitungen ihren Weg bahnen.

Nachrichtendienst

Ja bitte, sagt sie. Am anderen Ende der Leitung knackknack, dann: Guten Tag. Wir haben drei Fragen an Sie. Wären Sie bereit, sich kurz Zeit zu nehmen? Es ist eine Männerstimme, sie stellt sich vor, dass der Mann einen Bart hat, kleben da etwa Krümel? Ja, Krümel sind da auch. Sie muss kichern bei dem Gedanken an den Mann, wie er da in einem gepolsterten Stuhl sitzt, aha, mit Armlehnen, jaha, der Stuhl hat Rollen dran, und der Mann rollert auf und ab, sie sieht es genau vor sich. Hallo, tönt es da wieder, sind Sie noch dran? Und sie: Ja, bitte? Hallo? –Haben Sie eine Sicherheitstür? Sie überlegt. Dann sagt sie: Ich glaube nicht. –Gab es in Ihrer Nachbarschaft oder in Ihrem Haus in den vergangenen Monaten ungewöhnliche Vorkommnisse? Woher wissen Sie das, fragt sie und will gerade davon anfangen, das ist der Anruf, auf den sie gewartet hat, da sagt der Mann: Dann raten wir Ihnen dringend zu einer Sicherheitstür. Sie nickt. –Sind Sie noch dran? Wieder nickt sie. –Sie können es sich ja überlegen, sagt der Mann, und dann hört sie es wie aus dem Radio: *Novoferm! Die Nummer eins bei Sicherheitstüren. Wir schützen Ihr Zuhause, während Sie in den Urlaub fah-*

ren. Wenn ich in den Urlaub will, sagt sie, dann nehme ich ein Prospekt zur Hand, und dann blättere ich, ich sehe mir die Hotelanlagen an, gibt es Frühstück, gibt es einen Swimmingpool, gibt es Kinderprogramm? So bin ich schon immer in den Urlaub gefahren. Und, als keine Reaktion kommt: Weil ich dabei zu Hause bleiben kann. –Hallo? Nichts. Sie lauscht noch ein bisschen, sicherheitshalber.

Der Tag fängt mit einer Stimme an. Immer fängt der Tag mit dieser Stimme an. Die Stimme der Nachbarin: Sie kippt manchmal, als würde sie Purzelbäume schlagen, dabei schief aufkommen, unelegant, wie damals dieses Mädchen im Turnverein, wie hieß die noch mal? Das erste Mal aufgefallen ist ihr die Stimme, gleich nachdem die Nachbarin eingezogen ist, war das im Juni, im Juli oder im August? Sie hat die Schritte auf der Treppe gehört, hoch, runter, hoch, runter, hoch, hat durch den Türspion beobachtet, wie ein Bett, ein Schrank, ein Regal und Kisten, wie die sich da vorbeigeschoben haben. Irgendwann dann war die Tür ins Schloss gefallen, und wissen Sie, sagt sie jetzt in den Hörer, gleich darauf war da die Stimme der Nachbarin. Und da habe ich es schon gewusst. Dass ich ganz genau hinhören muss. Wissen Sie, ich lebe hier schon seit vielen Jahren. Jeden Morgen öffne ich als Erstes das Fenster auf Kipp, egal zu welcher Jahreszeit, und für ein paar Minuten lege ich mich dann noch mal unter die Dings, die dicke, unter die Zudicke. Ich sehe den Wecker an, zähle die Zeiger, wie sie durch die Zeit fahren. Aber heute Morgen standen sie auf der Stelle, auf vier Uhr achtundvierzig. Oder bewegten sie sich doch, nur ganz langsam? Wenn ich da so liege, ist alles still. Bis dann diese Stimme schrillt, wie jetzt, gerade eben, sie sagt: Einen Moment, und lässt den Hörer fallen.

Sie folgt der Stimme ins Bad, wäscht sich das Gesicht und die Hände mit Hirsch Zitronella, trocknet sich dann mit dem Frottee ab. Sie trinkt in der Küche ihren Tee. Warum ist der kalt? Sie hat ihn doch gerade erst aufgebrüht. Sie öffnet das Fenster, vor dem grauen Himmel sieht sie Dampf aufsteigen, behände klettern die Schwaden aus der obersten Etage in den Wind, lösen sich dann in Luft auf, als wären sie nichts. Aber sie erkennt die Zeichen, sie sieht ganz genau hin, beugt sich weit aus dem Fenster, um die Formen nicht zu verpassen. Nimmt dann einen Zettel aus der Schublade. *Heute Früh hat die Nachbarin bei offenem Fenster geduscht. Gezeichnet*, und dann setzt sie ihr Kürzel darunter. Ihre Notate macht sie mit Bleistift, schon immer. Sie dokumentiert die täglichen Ereignisse. In Farbe macht sie nachträgliche Kommentare. Erkenntnisse nennt sie die. Irgendwann wird sie ausreichend davon zusammengetragen haben, bis dahin sortiert sie die Zettel in Kisten und die Kisten verstaut sie im Schrank. *Besser ist es, alles notiert zu haben*, notiert sie auch noch, und dann klebt sie den Zettel mit etwas Spucke an den … Was steht denn da? *17. Juli, 10 Uhr!* Aha. Aber noch bevor ihr einfallen kann, was das bedeuten soll, war das schon, kommt das noch, bellt der Hund. Was ist denn? Warum bellst du denn so? Im Flur dann sieht sie die Lache, sitzt die da, liegt die da, die fließt da rum! Sie geht ins Bad, nimmt das Frottee, wirft es auf den Boden. Du dummer Hund! Als sie nach ihm treten will, kann sie ihn nicht finden, hat sich versteckt, der dumme … Da fällt ihr Blick auf das Telefon. Sie geht zurück zum Hörer und spricht hinein: Sie müssen schon verzeihen. Ich muss jetzt mit dem Hund, sagt sie, ich bin gleich wieder da. Also sucht sie die Schnur, das Lasso, nimmt den Hund an die Leine, ja, stimmt! Sagt: Komm, wir gehen einkaufen.

Wie jeden Tag sitzt unten an der Straßenecke der Mann. Sie nennt ihn den Mann, weil es immer derselbe ist, von frühmorgens bis spätabends sitzt er da, am Tisch vor dem Bäcker, trinkt Kaffee und füttert die Tauben. Jeden Tag laufen sie an ihm vorbei, weil sie jeden Tag einkaufen gehen. Vor dem Laden bindet sie Kunz jetzt an, der winselt. Gleich, sagt sie und verschwindet dann im Laden, nimmt Milch und nimmt Brot und was noch? Gurken, Tee und Butter und … –Sie bekommen? Die Frau sieht sie erwartungsvoll an. Drei Scheibchen, sagt sie. –Drei Scheibchen wovon, die Dame? –Schinken? –Drei Scheiben? –Eine für mich und eine für Kunz und eine für meinen Mann. Falls er heute noch kommt. Die Frau sieht sie interessiert an. –Darf es noch was sein? Also noch einmal. –Noch mal drei Scheibchen. –Wovon, die Dame? –Von allem. –Von allem? –Ja, ich weiß doch nicht, was er essen will!

Suchen Sie etwas, fragt sie ein junger Mann. –Das Konto. –Die Kasse? –Ich will bezahlen! –Einfach geradeaus.

Sie läuft die Regale entlang, legt ihre Waren auf ein Band. Und wartet. Langsam schiebt das Band Milch und Brot und Aufschnitt weiter voran, schiebt es von ihr weg. Das ist doch meins, flüstert sie. Die junge Frau vor ihr dreht sich um. Das weiß ich doch, sagt sie. Und nimmt dann ein Plasteding und legt es mit aufs Band. Ich will das nicht haben, sagt sie entsetzt. Bar oder mit Karte, fragt die am Konto jetzt. Was soll das heißen? – Auf Rechnung. – Auf Rechnung? – Ja, auf Rechnung. Wie immer. – Hier geht nur bar oder mit Karte. – Aber Sie kennen mich doch! Plötzlich hört sie Kunz vor der Tür, wie er aufjault. – Ich komme ja gleich, lass mich doch, siehst du nicht, dass ich ... Mitten im Satz bricht ihr auch noch die Sprache ab. Was soll das denn jetzt! Ob sie helfen kann, fragt eine junge Frau, die plötzlich neben ihr steht. Sie meint, dass sie sie schon einmal gesehen hat. Aber wo? – Man will mir die Waren nicht aushändigen, und zeigt dabei auf die Kontofrau. – Wie viel macht es denn? – Siebenundvierzig achtzig. – Kann ich mit Karte? Und zu ihr: Sie können es mir später zurückgeben. Später? – Ja, meinen Sie? Und dann, nachdem sie bezahlt hat, nimmt die junge Frau den Beutel kurzerhand an sich. – Ich bringe Sie.

Der Hund, sagt sie. – Wie heißt er denn? – Kunz. Und noch bevor sie sagen kann, jetzt hier rechts abbiegen, biegt die Frau schon in ihre Straße ein. Woher weiß die, wo wir wohnen? Zu dritt steigen sie die Treppenstufen hoch. Auf jeder Etage macht sie halt, um Luft zu holen. Während Kunz schnauft, flüstert sie das Wer-Wo. Eins: Die Zwillinge mit ihrer Mutter. Zwei: Steht leer, aber früher war hier der, der in Heimarbeit war. So wie sie ja auch, nach der Wende, erst Kugelschreiber, dann Schnürsenkel, dann Steckdosen und … Da sind wir schon, sagt die junge Frau. Woher weiß die das denn? Sie mustert sie, woher kenn ich sie bloß? Auf Wiedersehen, sagt die junge Frau noch, und dass sie klingeln soll, wenn sie Hilfe braucht. Ihren Schlüssel findet sie nicht gleich, wo habe ich ihn denn? Als sie die Wohnung betritt, steht da: *Tür zu*. Also verschließt sie die Tür, dreht den Schlüssel einmal rum, zweimal, drei, flüstert dabei, damit es auch ja niemand außer Kunz hört: Und oben, da wohnt die Nachbarin. Bleibt stehen an der Tür, noch ein Blick durch das Kuckloch, da kuckt doch wer! Holt aus der Tasche etwas, das kleben kann, und klebt es über das Auge. Sie lässt sich doch von denen nicht beim Leben zuschauen.

Sie setzt sich ans Fenster. Die Nachbarin hat ihres immer auf, immer. Als Kunz bellt, sagt sie: Sei leise, ich muss doch hören, was dort oben passiert. Und dann lauscht sie nach der Stimme, jedes Wort kann sie hören, immer. Sie notiert dann: *Die Nachbarin hat Liebeskummer*. Oder: *Die Nachbarin hat Männerbesuch*. Oder auch: *Die Nachbarin tut Dinge, bei denen man das Fenster schließen muss!* Spitzt den Bleistift noch einmal an, wartet, lauscht. Als nichts mehr zu hören ist, steht sie auf. Schleicht durch die Räume und da hört sie sie schon, wusste ich's doch! Sofort geht sie ihr hinterher, die Nachbarin betritt ihr Zimmer, sie ihres, sicher nimmt die Nachbarin jetzt Wäsche aus einer Tasche, einem Korb, einer Wanne wahrscheinlich, denn jetzt hört sie die Stimme in der Kammer. Also geht auch sie in die Kammer und macht Wäsche in die Luke, was sie auf die Schnelle so greifen kann. Als die Nachbarin dann Wasser anmacht, macht auch sie welches an, warum auch soll die Nachbarin alles Wasser haben!

Wenn die Nachbarin ins Bad geht, geh ich ihr hinterher, auf Schritt und Tritt folge ich ihr, sagt sie in den Hörer. Sind Sie noch dran? Sie weiß, dass der Mann noch da sein muss, immer ist da jemand, wenn man abhebt. Also spricht sie weiter: Bevor ich abends ins Bett gehe, öffne ich noch mal das Fenster. Ich kann dann hören, was die Leute denken, das war schon immer so. Sie denken: Warum hat sie jetzt das Fenster auf, um diese Uhrzeit? Also schließe ich es schnell wieder. Aber dann wird es stickig im Zimmer. Also öffne ich das Fenster doch. Und dann denken sie: Warum macht sie das Fenster wieder auf, macht es erst zu, dann wieder auf, warum macht sie es zu und dann wieder auf, zu und wieder auf, zu und wieder auf, das denken sie und denken, dass ich sie nicht hören kann. Aber ich lausche, nach oben und nach unten und nach draußen: Höre ich den Wasserhahn? Die Schlafzimmertür? Den Lichtschalter?

Die Stimme der Nachbarin, sagt sie, die hat sich in meinen Atem eingeschlichen. Jedes Mal, wenn ich Luft durch die Nase ausblase, höre ich sie, ja wirklich! Aber ich weiß, wie ich auch das überprüfen kann, ich halte mir die Hand vor die Nase oder manchmal halte ich auch einfach die

Luft an. Wenn ich sie dann noch immer höre, dann muss sie wohl da sein, die Nachbarin. Wissen Sie, ich schlafe ja so schlecht, wache immer wieder auf. Und heute Früh, um vier Uhr achtundvierzig, habe ich gehört, wie die Nachbarin aufsteht und zur Toilette geht. Da hatte ich einen Einfall: Ich muss die Ereignisse immer gleich da notieren, wo sie geschehen. Als ich die Nachbarin husten hörte, notierte ich also an die Wand: *Hier hat die Nachbarin gehustet*. Und als ich die Nachbarin dann etwas sagen hörte, notierte ich auf den Boden: *Hier hat die Nachbarin etwas gesagt*, und dann: *Hier hat die Nachbarin etwas getrunken*, und: *Hier hat die Nachbarin* ... und in diesem Moment klingelt das Telefon. Wer ist da, sagt sie. Hallo? Wer ist da?

Das Licht in der Küche, das hat ihr jemand abgestellt, egal wie oft sie den Schalter auch drückt, da kommt kein Licht mehr aus der Wand. Sie öffnet den Kühlkasten, was riecht denn da? Sie öffnet die Wickelpapiere, da sind Schinken und Salami und Speck. –Wer soll das denn alles essen? Ist da jemand? Da war doch jemand! Sie geht in den Flur, geht zur Tür, will nachsehen, aber das Kuckloch ist weg. Sie will die Tür öffnen, aber sie bewegt sich nicht. –Na, so was! Sie rüttelt daran, rüttelt, bis es ihr wieder einfällt, eben war da doch noch jemand, ein junger Mann, ja, der Hörer!

So lange ich hier schon lebe, sagt sie, hat das Weiß der Wände einen Schall, ich höre die Weite und die Höhe der

Zimmer. In der Küche hat sie einen Tisch und zwei Stühle, sagt sie laut in den Hörer, während sie das Zimmer ganz genau vor sich sieht, dort oben. Ich muss mich konzentrieren, sagt sie, weil mir manchmal die Worte verschwimmen. Jeder Schritt, den ich mache, hallt, hallt, hallt. Oder sind das meine Sohlen, habe ich schon wieder diese hohen Hacken an? Manchmal höre ich sogar, wie das Nichts zwischen den Wänden schallt. Ich muss mal kurz nachsehen, sagt sie und lässt den Hörer fallen. Sie kuckt in jedes der Zimmer, öffnet leise die Türen, da ist ja der Hund! – Kunz! Und noch mal: Kunz! Und weil er sich nicht rührt, tritt sie nach ihm. Er schlittert einen Meter weit über den Boden, bewegt sich nicht. Schläft und schläft, der dumme Hund, sagt sie und macht die Tür wieder zu.

Sie geht in die Küche, spült die Teekanne aus, spült die Tasse, dann lässt sie den Teekessel volllaufen. Während er sich erhitzt, legt sie zwei Teebeutel in den Kühlschrank, der surrt. Der Kühlschrank ist eine kalte Insel inmitten einer warmen Landschaft. Sie bleibt in der offenen Tür stehen, stützt sich ab, warum ist es denn so heiß hier überhaupt? Also macht sie das Fenster auf, war da nicht neulich in der Kühlwand? Jetzt findet sie darin nur Teebeutel, gerade pfeift auch der Kessel. Sie nimmt eine Tasse. Oder zwei? Da fällt ihr wieder ein, dass sie doch mitten in einem Gespräch war, sie geht zurück in den Flur, da baumelt der Hörer an der Schnur, das Telefon an der Wand, sie nimmt ihn, will damit zurück zu ihrem Tee, aber jemand muss die Schnur gekürzt haben! Nur einen Moment, sagt sie. Lässt den Hörer los, geht zurück in die Küche, zieht die Schublade auf, nimmt eine Schere heraus, geht zurück zum Hörer, der da baumelt, schneidet ihn ab, und der Hörer fällt zu Boden. Sie bückt sich danach. Nimmt ihn vorsichtig in die Hand. Hält ihn an ihr Ohr. –Hallo, sind Sie noch dran?

Sie streift sich ein Nachthemd über, zieht die Schuhe aus, zieht sie wieder an, setzt sich auf die Bettkante. Dann legt sie sich doch hin, den Hörer in der Hand, schlägt die Decke über sich, bauscht das Kissen im Nacken. Draußen ist es dunkel, aber ein Licht scheint hell durch das Fenster. Sie schließt ihre Augen, horcht, lauscht. Ich bin mir sicher, flüstert sie in den Hörer, ganz sicher, dass ich sie hören kann, ich hör sie, flüstert sie, hör die Nachbarin so laut. Hören Sie das auch?

Kirschkernspucken

Drei Wochen sind vergangen, ohne dass Ma an den Automaten war, drei lange Wochen, in denen Ma sich wie eine Mutter verhalten hat. Die den Einkauf macht und die Wäsche, die uns Pennenudeln kocht: Lecker, sogar mit Tomatensoße! Und die unsere Hausaufgaben kontrolliert, bevor sie uns abends ins Bett schickt. So kann man das machen, sagt sie bei Mathe und wenn sie unsere Aufsätze gelesen hat: Wenn es da steht, dann wird es wohl wahr sein. Und, was wichtig ist, sie nimmt uns dann auch mal kurz in den Arm. Ihr seid die besten kleinen Mäuschen, die man sich wünschen kann, die besten. Und obwohl wir keine Mäuschen sein wollen, lassen wir sie das trotzdem sagen. Doch heute Abend ist Ma ganz aufgeregt, lässt die Soße anbrennen: So ein Mist, verdammter! Und raucht eine Zigarette nach der anderen. Ma, sagen wir, du wolltest das mit dem Rauchen in der Wohnung doch lassen. Ach was, sagt sie, und verschwindet im Bad. Als sie wiederkommt, sind ihre Augen rot und verquollen. –Was haben wir denn da? –Wo? –Na hier. Lass mich doch mal, sagt sie und fängt an, sich an unserer Haut zu beruhigen, drückt erst bei jeder an der Stirn und am Kinn, dann an der Wange, drückt kleine Pickelchen aus, selbst da, wo keine sind. Und wir lassen es geschehen, weil wir wissen, dass sie uns so liebkost. Dass Mas Atem dabei riecht, stört uns nicht und auch nicht, als Ma sagt: Lasst mich meinen Kopf mal ablegen. Still sitzen wir nebeneinander, bis Ma ihren Kopf hebt und sagt: Schultern habt ihr, also wirklich! Richtige Mädchen mit Kanten.

Doch dann ist Ma weg.

Als wir aus der Schule kommen, ist die Tür verschlossen. Einen Schlüssel hat nur Ma, immer hat sie uns auch einen versprochen. Zu eurem Geburtstag, hatte sie gesagt, und dann: zu Weihnachten. Und als wir das letzte Mal danach gefragt haben: Wofür braucht ihr denn einen Schlüssel, ich bin doch da für euch. Also warten wir, machen Hausaufgaben. Doch als Ma dann noch immer nicht kommt, beschließen wir, sie zu suchen. Wir suchen, wo wir sie schon früher gefunden haben, wir fragen beim Dönermann, fragen beim Vulkan, wir kucken in die Eiszeit, in die City und auch noch in einen Laden ohne Namen: Ist unsere Ma da, fragen wir am Eingang. –Eure Ma? Natascha, sagen wir. Mit solchen Haaren, und so, so deuten wir. –Keine Ahnung. Kuckt euch doch selber um. Drinnen ist alles hinter Rauchschwaden, wie früher der Nebel über den Wiesen bei den Großeltern. Wir husten, müssen uns die Hand vor den Mund halten, aber keine Spur von ihr, keine Spur von unserer Ma. –Von wem? –Von Natascha. –Kenn ich nicht.

Es gibt nur noch einen Ort, an dem sie sein kann. Hast du Ma gesehen, fragen wir Oma. –Eure Ma ist nicht da. Was kuckt ihr denn so? Dass sie weg ist, sagen wir. –Wie, weg? Heute Morgen, sagen wir, haben wir unsere Taschen gepackt, in der Schule haben wir Mathe, Englisch, Sport, Sport und Sachkunde gehabt, doch als wir wieder nach Hause kamen, da war sie weg. –Und jetzt? –Haben wir Angst. Wart ihr schon im Vulkan, sagt Oma. Wir zählen auf, sagen, dass Ma nicht da und nicht da und auch nicht dort war. Sie ist doch immer hier, wenn sie nicht zu Hause ist, sagen wir. Dass das nicht stimmt, sagt Oma, und dass wir es doch auch sonst immer ganz genau nehmen. Heinz hier zum Beispiel, sie nickt in Richtung eines Mannes, den wir nicht kennen, er trägt Jeans und eine rote Schirmmütze. –Der kommt jeden Donnerstag und füttert die Maschinen mit mindestens einem, wenn nicht gar zwei Scheinen, aber sonst ist der Heinz nicht hier, also weg. Er trinkt seine Cola am Automaten und wenn er fertig hat, nimmt er einen Ramazotti am Tresen. Es brummt zustimmend aus Heinz' Ecke. –Oder hier, Fahim, den kennt ihr doch, kommt jeden Abend, aber bleibt nie lange, wenn ihr in fünfzehn Minuten wiederkommt, dann isser schon weg. Hat eine Regel, die besagt, dass er nie mehr als ein paar Münzen am selben Fleck lässt.

Und Ma, fragen wir, um zum Wesentlichen zurückzukommen. –Früher ja, früher war eure Ma jeden Tag hier, mal früh oder auch mal erst spät am Abend, manchmal auch zweimal an einem Tag, wenn es gut lief. –Und wo ist sie, wenn sie nicht hier ist? Das müsst schon ihr mir sagen, sagt Oma, seit Wochen war sie nicht mehr da, und dann: Ich spendier euch erst mal eine Fanta. Aber den Kakao, den bezahlt ihr mir. Wir schlürfen abwechselnd die Fanta, bis der Kakao Haut bekommt. Da kommt Jack, also fragen wir: Hast du unsere Ma gesehen? – Ach was, die hat sich doch sperren lassen! – Sperren lassen? Kann nicht mehr zocken, sagt Jack. Hätten wir gewusst, dass es das gibt, wir hätten es auch angenommen, denn was sonst hätte den Zauber gebrochen? Aber die Frage bleibt: Wo ist Ma? – Sollen wir im Krankenhaus anrufen? – Oder müssen wir zur Polizei? – Oder doch den Großvater? Wir sitzen in der Ecke, wir überlegen und wir warten. Irgendwann dann sagt Oma, dass sie jetzt den Laden zumacht. Und wir, fragen wir. Meinetwegen kommt ihr mit, sagt Oma.

Oma wohnt in einem Reihenhaus am anderen Ende der Stadt. Wenn man es betritt, geht links eine kleine Küche ab, da ist eine Eckbank. Von früher, sagt Oma, als wir hier noch zu viert waren. Wir können uns das nicht vorstellen, dass Oma jemals Mutter war. Sind das deine Kinder, fragen wir und deuten auf ein unscharfes Foto, das am Kühlschrank hängt. – Die beiden kommen morgen, mit ihren Kindern, der Laden bleibt dann dicht für die nächsten zwei Tage, hab mir freigenommen. Wir schweigen, weil wir an die Großmutter denken. Dass wir kamen und kurz darauf Ma weg war, so hat sie es erzählt, die Großmutter, wenn wir sie nach Ma fragten. Und dass Ma uns sicher bald nachholen würde, das hat sie auch gesagt, und irgendwann dann kam sie ja wirklich, aber da war die Großmutter nicht mehr da. Und jetzt ist Ma also wieder weg.

Oma schiebt sich aus der Küche und uns vor sich her in den engen Flur. Im Wohnzimmer ist alles plüschig, voller Teppiche und Kissen. Eine Treppe führt in die obere Etage, auch auf der Treppe ist Teppich, bis auf den Handlauf hinauf. Geht mal rauf, sagt Oma. Rechts ist das alte Kinderzimmer, hier schlaft ihr, habt ein Bett zusammen, sagt sie. Kein Problem, sagen wir, und dass wir das nicht anders kennen. Geduscht wird jetzt oder gar nicht, sagt Oma. Weil sie morgen ausschlafen will. Und bevor wir noch überlegen können, reicht sie jeder von uns ein Handtuch. –Das Bad ist hier lang. Da fallen Oma plötzlich die Zähne raus. Du hast da was, sagen wir. Immer diese ollen Dinger, sagt Oma und drückt ihr Gebiss wieder an den Gaumen. –Jetzt aber zackig. Wir gehen ins Bad. Es ist ganz in Pink gehalten. –So pink ist das Bad, wie Mas Lippenstift. Das Waschbecken, der Handtuchhalter, der Duschvorhang sind rosa, sogar der Klopapierhalter und das Klopapier auch. Wir ziehen uns aus, falten die Kleidung schön zusammen. Plötzlich steht Oma in der Tür: Hier, Pyjamas. Für morgen Früh hab ich euch was rausgelegt, und wenn euch langweilig wird, dann kuckt ihr in den Schrank. Aber leise und nicht zu lang.

Im Bett ist es kalt, und wir pressen uns aneinander. –Mach mal den Ellenbogen aus meinen Rippen. –Wo soll ich ihn denn hinmachen? –Morgen müssen wir den Großvater anrufen. Wir denken an die Felder, die Wiesen, die Bäume und den Wald, wir denken an das Plumpsklo im Garten, an die Sommerküche und … –Halt! –Was? –Halt! Ich will nicht zurück. Unendlich lange ist es her, dass wir den Großvater gesehen haben. Anfangs rief er noch jede Woche an, schickte uns Päckchen, in denen Malbücher waren, Kompott und Unterhosen. Und in den Büchern Geldscheine, für jede einer. Irgendwann dann wurden die Anrufe seltener, kamen keine Päckchen mehr an. Als wir Ma einmal nach ihm fragten, sagte sie: Unkraut vergeht nicht. Und wir verstanden, dass wir nicht weiter nachhaken sollten. –Ob der Großvater noch lebt? Darauf wissen wir keine Antwort. –Also los, lass uns in den Schrank kucken. Leise öffnen wir die Türen der Wohnwand, dahinter ist ein alter Röhrenfernseher, vorsichtig drücken wir auf den Knopf, und mit einem Zucken springt das Bild auf den Schirm, wir starren gebannt, starren, starren, blinzeln kaum. Und wir starren und schauen, bis uns die Augen zufallen, und selbst dann noch lauschen wir den Bildern, in denen wir uns zu Hause fühlen. Plötzlich steht Oma in der Tür und ruft laut: Auf, auf, ihr Hasen. Habt ihr denn die ganze Nacht ferngesehen, was das wieder Strom kostet, und tatsächlich, der Fernseher läuft noch. Sie schaltet ihn aus, schließt die Schrankwandtür und dann sagt sie noch, dass sie uns Stullen geschmiert hat. –Mit Nutella, das mögt ihr doch? Wir nicken und schälen uns aus unserer nächtlichen Umarmung.

Oma trägt ein weites T-Shirt, Minnie-Maus-Ohren spannen über ihrem Busen, wir wollen nicht hinsehen, müssen es aber doch tun. Dürfen wir wiederkommen, fragen wir, als wir schon an der Haustür stehen. Eure Ma ist doch sicher schon wieder zu Hause, sagt Oma. –Und wenn nicht? –Dann wird sich schon eine Lösung finden. In der Schule rechnen wir Brüche aus. Wir sind unkonzentriert, schauen viel zum Fenster hinaus. Auf dem Weg nach Hause laufen wir stumm nebeneinander. Wir klingeln einmal, wir klingeln zweimal, wir klopfen und dann noch einmal.

Den ganzen Nachmittag hängen wir auf dem Spielplatz herum. Wo sollen wir sonst hin, bei Oma ist zu, und beim Dönermann waren wir schon. Immer weniger Kinder sind auf dem Spielplatz, bis irgendwann dann auch das letzte nach Hause geht. Das Spielplatztor quietscht, und im Vorbeigehen dreht sich das Kind nach uns um. Wir strecken ihm die Zunge raus, wir ziehen Grimassen und wir lachen ganz laut. Hu-ha-ha, lachen wir, und irgendwie ist uns leichter dadurch. Wir bleiben, bis es dunkel ist. Die Nacht, hat der Großvater immer gesagt, die Nacht ist ein träges Tier. Ein träges Tier, wiederholen wir jetzt, das uns vor sich her schubst. Die Nacht hat viele Augen, die von den Häusern runterblicken, es glitzert und perlt uns das Licht nur so entgegen. –Sollen wir versuchen, den Weg zu Oma noch einmal zu finden?

An einer Straßenecke müssen wir uns entscheiden: links oder rechts? Da kommt uns ein Mann entgegen, und weil er uns nicht geheuer ist, biegen wir rasch nach links ab. Die Nacht macht uns zu ängstlichen Tieren, auch wenn wir es voreinander zu verbergen versuchen. Doch wir kennen uns zu gut, schon von aus Mas Bauch heraus, deswegen riechen wir die Angst der anderen und wir sehen sie auch. Zwei sehr alte Frauen kommen an uns vorbei, beide gehen gebückt und haben runde Rücken, die links ist auf einen Rollator gestützt, die rechts zieht einen Trolley hinter sich her. –Werden wir auch mal so alt werden? –Keine Chance, eher will ich sterben!

Nachts riechen die Straßen nach Essen und Dreck. Ich habe Hunger, sagen wir, weil wir noch nichts gegessen haben. –Da vorne, siehst du? Wir schleichen uns an den Kiosk am Eck an, aus der Tür fällt ein Streifen Licht auf die Straße. Als wir schon beinahe im Türrahmen stehen, spannen wir unsere Körper an wie Katzen, springen ins Licht und rufen laut: Huh, und der Kioskmann zuckt zusammen. –Na, ihr habt mich aber erschreckt! Einmal Yumyum, sagen wir. Und von dem Geld, das wir noch zum Glas bringen wollten, bezahlen wir jetzt die Tüte. Im kleinen Park nebendran reißen wir sie gierig auf, wir dippen die trockenen Nudeln erst in Spucke, dann in die Würzmasse, wenn es schon nicht satt macht, soll es zumindest knuspern! –Und jetzt? Omas Haus finden wir nicht mehr, so viel ist sicher. –Auf den Spielplatz. –Und wenn da jemand lauert? –Angsthase. –Selber.

Wir klettern in das Holzhaus, sitzen Rücken an Rücken. –Du musst Wache schieben, später dann bin ich dran. In dieser Nacht werden wir Drillinge, da sind du und ich und die Angst, immer zwei sind hellwach und nah beieinander, während die Dritte zu schlafen versucht. Als die Sonne dann endlich aufgeht, gehen wir zum Hydranten, wir waschen uns unsere Gesichter. Wir schauen uns an. – Komm, sagen wir, wir nehmen das jetzt selber in die Hand. Wir gehen zum Sandkasten, schieben die Steine weg, wir buddeln, bis wir das Kirschglas ausgegraben haben. Dann zählen wir. Noch einmal gehen wir nach Hause, wir klingeln Sturm, warten, klingeln noch einmal, wir sind wütend: Natascha! Wo bist du! Aber von Ma keine Spur.

Der Plan ist gefasst. Wir laufen zur Bushaltestelle und kaufen uns Fahrkarten am Automaten, weil wir es lieben, wie die Münzen klackern, wenn er sie verschluckt. Im Bus sitzen wir vorne, haben die Stadt im Blick. Wir wissen, dass wir bis eine vor der Endhaltestelle fahren müssen. Jack hat es uns erzählt, jedes Mal, wenn wir ihn gesehen haben. – Wenn ihr aus dem Bus steigt, müsst ihr die Straße weiter hoch, bis sie eine Biegung macht, die ihr aber links liegen lasst. Ihr geht nach rechts, durch den großen Bogen, und dann steht ihr praktisch schon darunter. – Wo? – Na unter dem alten Stadttor. Also steigen wir an der Halte aus. – Warte mal. – Was? – Erst noch in den Drogeriemarkt. Wir gehen in den Drogeriemarkt und malen uns Gesichter auf. Das können wir gut, weil wir es uns bei Ma abgekuckt haben. Wir machen die Lippen Pink Thrill und die Wangen Apricot. Wir tragen La-vie-est-belle-Parfum auf und zur Sicherheit noch Maximum-Protection-Deo. Dann gehen wir zum Regal mit den Süßigkeiten. Während eine Ausschau hält, reißt die andere vorsichtig eine Tüte auf. Mit gierigen Händen stopfen wir die Gummitiere in den Mund. –Lass mich auch mal. Als eine Verkäuferin uns sieht, laufen wir so schnell wir können. Wir nehmen den Weg, den Jack uns beschrieben hat, finden den Platz, sehen die schönen Gebäude, sehen alte Frauen, die Gehänge um ihre alten Hälse tragen, und wir sehen alte Männer, die junge Frauen am Arm hängen haben. Dazwischen sind wir. –Angst? –Niemals. Also gehen wir rein. Vor uns öffnet sich die Tür, schwingt auf, dahinter Kronleuchter an der Decke, Teppich unter unseren Füßen.

Guten Tag, sagen wir. –Wie kann ich euch helfen? Ein Zimmer, sagen wir. –Habt ihr denn eine Reservierung? Unser Vater, sagen wir, weil wir uns das im Bus so überlegt haben. Unser Vater, auf den Namen, und dann sagen wir, wie die Großmutter hieß, bevor sie den Großvater geheiratet hat. Und was heißt das, hatten wir gefragt, weil wir das Wort nicht kannten. Wie der Sternenhimmel, hatte die Großmutter geflüstert, weil wir alle mal Sterne waren. –Tut mir leid, darunter finde ich nichts. Da stemmen wir die Hände in die Hüften und sagen, das gibt es doch nicht. Und wo wir jetzt hinsollen, bitte schön?! Und dass der Vater bestimmt nicht glücklich sein werde, wenn man uns jetzt auf die Straße schickt, bestimmt nicht. Der Mann zögert, also weinen wir. Wartet doch auf der Récamiere, sagt er dann, und dass er sich eine Notiz machen würde. –Auf der was? –Auf dem Sofa dort drüben. Wie war euer Name noch gleich? Wir buchstabieren, mit C am Schluss. –Ich vermerke, dass da etwas getan werden muss. Wir sitzen auf dem Sofa, zu dem man hier Reka-Dingsbums sagt, wir lümmeln, wir lungern, wir räkeln uns. Bald schon hat uns der Mann vergessen. Wir spähen, wir lugen, wir kucken. Dann ist Schichtwechsel. Und wir? Ducken uns. Als der neue Rezeptionist hinter dem Empfang steht, gehen wir zu ihm. Wir sagen: Unser Vater verspätet sich. Und dann: Ihr Kollege meinte, man kann uns schon ein Zimmer fertig machen. Das ist unüblich, sagt der Mann. Und wir: Ihr Kollege hat Ihnen doch eine Notiz hinterlassen! Da, sagen wir, da steht es doch. Und wirklich, auf dem Zettel steht der Name der Großmutter und dahinter: Zimmer? Mit Blick auf das Tor, sagen wir. Und der Mann: Und Frühstück? – Aber sicher.

Das Zimmer hat das schönste Bad, das wir jemals gesehen haben, und während eine auf Toilette ist, kann es die andere nicht fassen. – Und das Bett erst, kuck dir das Bett an. – Zieh die Schuhe aus! Wir lungern, wir liegen, wir freuen uns. Im Spiegel schneiden wir uns Grimassen, wir ziehen uns bis auf die Unterhose aus, wir schmiegen uns an die Wände, die hier weicher sind als zu Hause. Dann lassen wir Wasser in die Badewanne ein. Wir spielen Seepferdchen und Nixe, bis das Wasser kalt ist. Wir rubbeln uns ab und ziehen uns wieder an. Morgen, sagt eine, müssen wir einkaufen gehen. Noch immer tragen wir die zu großen Unterhosen, die Oma uns gegeben hat. Und die Hosen, die wir schon seit einer Woche anhaben. Vor dem Fenster wird es dunkel, und wir gehen zurück zur Rezeption. Wir sagen: Wir haben Hunger, und der Mann sagt, wann kommt er denn nun? – Wer? – Euer Vater. – In einer Stunde. Aber wir haben jetzt schon so großen Hunger, sagen wir, so großen. – Dann geht doch schon mal ins Restaurant und schreibt es auf euer Zimmer.

Was darf ich euch bringen, fragt der Kellner und mustert uns. Die Karte, sagen wir. Wir lesen Beef tatar und Bœuf bourguignon, und weil wir nicht wissen, was das ist, bestellen wir einfach beides zusammen. – Und Pommes dazu. – Und Cola. – Für mich eine Fanta! – Auf welches Zimmer? Dreihunderteins, sagen wir. Und als er uns streng ankuckt, lachen wir nur. Später bestellen wir noch Schokoladenkuchen mit Vanilleeis und extra Sahne.

– Das ist die beste Kombination. – Die beste, eindeutig. Dann verkrümeln wir uns. Zurück im Zimmer, halten wir uns mit einer Hand den Bauch, mit der anderen halten wir uns gegenseitig fest. – Was meinst du, was Ma macht? – Na was schon. Kirschen ernten. – Ich stelle mir vor, sie hat ein anderes Leben gefunden, mit einem Mann und einem Hund. – Und anderen Kindern? – Ach was, für Ma gibt es nur uns. – Wenn ich groß bin, dann will ich im Ausland studieren. – Ach was, studieren, ich will einen Privatjet bekommen. – Und wo fliegst du dann hin? – Nach Manila oder Miami oder so. Und du? – Ich fliege zum Großvater. Der Flieger landet dann auf der Wiese hinterm Haus, ich steige aus, und der Großvater lacht, weil er noch nie ein Flugzeug außer weit oben am Himmel gesehen hat.

Als wir einschlafen, träumen wir von Schneewittchen.

Diese Muster, sagt Traum-Schneewittchen, das sind alles Geschichten. Dabei deutet sie auf die Tapete im Hotelzimmer, und wirklich, wir sehen es, sehen auch uns darin. Dann steht Ma da, wo eben noch Schneewittchen war, und Traum-Ma sagt: Was für ein Blödsinn. Da wird es dunkel um uns, und das Muster auf der Tapete sind plötzlich nur mehr Risse in der Wand. Das Licht flackert und dann geht es ganz aus. Wir öffnen unsere Augen, blicken uns um. – Wo sind wir? Da dämmert es uns. – Los, Frühstück! Als wir in den Speisesaal kommen, sehen wir in der Mitte einen Berg Essen aufgebaut. – Kuck mal! – Wow. – Hier nimm, nimm, nimm, nimm so viel du kannst. – Was ist das denn? Das ist Alaska-Lachs, sagt der Mann hinter uns. – Man nimmt etwas Sahne dazu. Das lassen wir uns nicht zweimal sagen. Wir setzen uns an einen Tisch, und dann essen wir. – Das ist das Beste, was ich je gegessen habe! – Und jetzt, was noch? Wir essen Joghurt mit Früchten, Brötchen mit Wurst, Brötchen mit Pastete und Brötchen mit Butter. – Kuck mal, diese Schokoküchlein, ich nehme zwei davon. – Nimm drei, ich will auch eins. – Und Zimtschnecken! Wir trinken Kaffee und werden ganz aufgeregt. Heiße Schokolade! Und O-Saft dazu! Wir essen und trinken so lang, bis wir die Letzten sind, die noch da sind. Dann gehen wir zurück auf unser Zimmer. Wir waschen uns die Hände, das Gesicht und auch die Achseln. Plötzlich klopft es an der Tür. Es ist der Alaska-Lachs-Mann. Wo sind denn eure Eltern, fragt er. Müsstet ihr nicht in der Schule sein? Unser Papa duscht gerade, sagen wir also, und dann sagen wir Tschüss und schlagen die Tür rasch zu. Papa, da war ein Mann an der Tür, sagen wir laut und lauschen, ob der Mann endlich weggeht. –Und was jetzt? –Keine Ahnung. Wir ziehen uns die Schuhe an, nehmen unsere Schultaschen.

An der Rezeption ist wieder jemand anderes als am Vorabend. Das sehen wir, als wir aus dem Fahrstuhl treten, wir warten, bis jemand kommt, der in Richtung Ausgang geht. –Die Frau! –Die mit dem Hut? –An die hängen wir uns dran. Man könnte meinen, auch wir sind nur Touristen, gehen Hand in Hand, lachen, wie wir denken, dass Mädchen im Urlaub eben lachen, bis wir mit einem Schwung raus sind. Draußen scheint uns die Sonne ins Gesicht. Wir sehen einen großen schwarzen Hund, der sehr alt sein muss, weil sein Gang ruhig wie der einer Raubkatze ist. –Ein Puma ist nichts dagegen. –Gib mal. Wir nehmen das Kirschglas aus der Tasche, schütteln es, um es rascheln und klimpern zu hören. Unser Glas ist halbvoll. Es ist wie immer im Leben, flüstern wir. –Je mehr du setzt, umso mehr kriegst du auch.

Preisrede

Als ich ein Kind war, gab es feste Regeln, die mein Leben bestimmten, etwa, dass ich nicht auf die Ritzen im Asphalt treten durfte, und wenn doch, musste ich mich einmal im Kreis drehen, so schnell wie nur irgendwie möglich. Erblickte ich hingegen einen Kreis, so musste ich darüber springen, es zumindest versuchen, und genauso wichtig war es, niemals auch nur ein Korn Reis auf dem Teller übrig zu lassen, eher verzichtete ich auf das Gemüse. Und ich war ein Kind, das gern Gemüse aß. Von den Nudeln aber mussten immer genau drei auf dem Teller bleiben, nicht zwei und nicht vier, überhaupt sollte das Essen nach Farben angeordnet sein, und niemals durften Karotten und Radieschen auf einem Teller sein, aber das nur für ein paar Monate, dann war es nicht mehr Teil meiner persönlichen Magie. Ich muss etwa fünf Jahre alt gewesen sein, als ich feststellte, dass ich der Zauberei doch nicht mächtig war. Bis dahin hatte ich in dem festen Glauben gelebt, dass all diese Regeln auch ihre Wirkung taten. Mit einem Mal aber erkannte ich ihre Nichtigkeit. Das Ende dieses Glaubens markierte den Anfang der Arbeit, das heißt Arbeit verstanden als die Mühen und Verdienste, die unser Leben vorantreiben. Mich befiel damals eine unfassbare Traurigkeit, die bis heute nur im Schreiben aufgefangen wird. Denn selbst wenn ich nicht zaubern konnte, so kann ich doch noch immer wirksame Regeln aufstellen, und nichts anderes ist das Geschichtenerzählen: Man entwirft Welten entlang bestimmter Regeln, und dann erzählt man aus ihnen. Dieses Erzählen ist der Grund, warum ich heute hier vor Ihnen stehe, auch wenn ich darüber für den Moment kein weiteres Wort verlieren will.

Wenn ich Ihnen stattdessen von meinen Arbeitserfahrungen berichte, dann deswegen, weil in den allermeisten Fällen das Schreiben damit einhergeht, dass der Lebensunterhalt durch andere Arbeit verdient wird. Ich kenne schreibende Wissenschaftlerinnen, schreibende Redakteure, schreibende Dramaturginnen, kenne schreibende Yogalehrer, schreibende Portiere und Nachtwächter und Türsteherinnen, kenne zwei schreibende Buchhändlerinnen, außerdem schreibende Hörspielmacher und schreibende Bestatterinnen, auch schreibende Totengräber kenne ich. Außerdem Köche und Köchinnen, Kellnerinnen und Kellner, Grafikdesigner und Setzerinnen, Fotografen und Blogger. Darüber hinaus kenne ich auch zwei schreibende Dramatiker und einen schreibenden Schriftsteller, das sind jedoch die Ausnahmen, muss ich sofort in Klammern hinzufügen, die die Regel bekanntlich nur bestätigen. Ich will Ihnen also davon berichten, welche Arbeit mein Schreiben begleitet, was ich parallel, währenddessen, nebenbei und manchmal auch anstelle des Schreibens mache. Ganz gleich aber, was ich arbeite, mein Beruf ist doch immer Autorin. Ein Beruf ist schließlich eine Bezeichnung, die einen hervorbringt. Man ist dann etwas, und nicht einfach bloß jemand.

Das erste Mal gearbeitet habe ich im Alter von fünfzehn Jahren, sieht man vom Babysitten meiner jüngeren Geschwister ab, mit dem ich mir auch davor schon das Taschengeld aufbesserte. In meiner Vita kann man es nachlesen: Ich bin im letzten Winter siebenunddreißig geworden. Das heißt wiederum, dass ich seit etwas mehr als zwanzig Jahren arbeite. Wenn man rechnet, dass ich nicht immer in Vollzeit gearbeitet habe, weil ich ja beispielsweise auch noch zur Schule gehen musste, studierte und ein sogenanntes Leben hatte, dann würde ich sagen, ich arbeite seit zwanzig Jahren zwanzig Stunden in der Woche, und bevor Sie sich jetzt wundern, sage ich gleich, das nehme ich als Mittelwert an, denn gewiss war es auch schon mehr, aber manchmal eben auch weniger. Da der Tag vierundzwanzig Stunden hat, von denen ich persönlich unbedingt neun mit Schlafen verbringen muss, bleiben fünfzehn Stunden zur täglichen Verfügung, wovon aber auch Zeit für reproduktive Tätigkeiten abgeht. Ich habe gelernt, schnell zu essen und schnell zu duschen, nur fürs Zähneputzen nehme ich mir gern ausgiebig Zeit, brauche aber sonst nur ein paar wenige Minuten, um mich fertig zu machen. Ich schreibe Listen, um den zeitlichen Aufwand des Einkaufens möglichst gering zu halten, gehe in den immer gleichen Laden, weil ich dort die Wege optimiert habe. Ich versuche, T-Shirts und Pullover mehrmals zu tragen, Hosen auch mal fünf, sechs Tage in Folge, und weil auch meine Unterwäsche immer schwarz ist, komme ich mit einmal Vierzig-Grad-Bunt pro Woche aus. Dazu kommen dann nur noch weiße Handtücher und Bettwäsche, ich wasche also im Schnitt sechsmal im Monat. Ich koche häufig, viel und gern, dafür kommen schon mal gut ein bis zwei Stunden täglich zusammen, dann noch das wöchentliche Putzen der Wohnung und so weiter, insgesamt ziehe ich für reproduktive Tätigkeiten also fünf Stunden täglich ab. Ich weiß, dass manche infrage stellen, ob reproduktive Tätigkeiten auch Arbeit sind, aber auf diese Diskussion will ich mich hier gar nicht einlassen.

Bleiben also täglich zehn Stunden Arbeitszeit. Die meisten Jahre aber musste ich von diesen zehn Stunden mindestens fünf, meistens eher sechs Stunden täglich in der Schule verbringen, später dann an der Uni. Bleiben also vier Stunden täglich, die ich nach dieser Rechnung zum Arbeiten übrig habe, was wiederum zwanzig Stunden in der Woche macht, wenn man die hart erkämpften zwei Tage Wochenende annimmt. Lassen Sie mich an dieser Stelle also laut rechnen: Das sind zwanzig mal zweiundfünfzig, macht also tausendvierzig Arbeitsstunden in einem Jahr, mal zwanzig Jahre, die ich schon arbeite, macht zwanzigtausendachthundert Stunden meiner bisherigen Lebenszeit. Und was ist mit Urlaub, werden Sie gleich fragen, aber da kann ich nur sagen: Urlaub mache ich selten, und wenn, dann arbeite ich ihn ein. Bleiben wir also bei einer Gesamtarbeitszeit von zwanzigtausendachthundert Stunden.

So viel Zeit, habe ich beim Schreiben dieser Rede gedacht, so viel Zeit habe ich sicher noch nicht mit Schreiben verbracht. Ich zog also schon in Zweifel, ob ich mich Autorin nennen darf, ja überhaupt zweifelte ich, ob ich dieses Preises würdig bin, angesichts der vielen Zeit, die ich tatsächlich nicht schreibe. Ich muss also noch eine zweite Rechnung anstellen: Schreiben lernte ich im Alter von vier Jahren, das ist der Vorteil des Geschwisterkinddaseins, dass ich mit der Einschulung meiner Schwester gewissermaßen mitlernte, und dann schrieb ich meine gesamte Schulzeit lang, das waren dreizehn Jahre, denn einmal musste ich eine Klasse wiederholen. Auch mein Studium über musste ich immerzu schreiben, sowohl während des Semesters als auch in der vorlesungsfreien Zeit, das waren einmal drei und einmal vier Jahre, insgesamt also sieben Jahre, plus die dreizehn Jahre Schulzeit, macht also auch schon zwanzig Jahre, die ich schreibe. Dazu kommt nun aber, dass ich auch während meiner Arbeit manchmal schreiben musste, man könnte daher grob rechnen, zwanzig plus zwanzig macht vierzig, dass ich also doch schon doppelt so viel Zeit mit Schreiben wie mit Arbeiten verbracht habe, was aufs Leben hochgerechnet nur heißt, dass ich schon sehr viel geschrieben haben muss. Nachdem ich das Verhältnis also geklärt habe, will ich Ihnen nun endlich erzählen, *was* ich arbeite, wenn ich nicht schreibe.

Im Jahr 1999 hatte ich meinen ersten offiziellen Ferienjob, Montag bis Freitag ging ich in die Arbeitsstelle meines Vaters, einen ganzen Monat lang. Was ich dort tat, hatte mit Statistik zu tun, mit Exceltabellen und mit Verkehrsunfällen, die ich einer Datenbank entnahm. Mein Vater hatte sie selbst programmiert und AIDS genannt, eine Abkürzung, vielleicht für Allgemeines Informations-Daten-System, auf jeden Fall war das Akronym Ende der Neunziger schon befremdlich. Die Verkehrsunfälle, die ich dem System entnahm, trug ich in Tabellen ein, die ich selbst erstellte, und dann visualisierte ich sie in Torten- und Balkendiagrammen: schadensfreie Unfälle, Unfälle mit Sachschaden, Unfälle mit Personenschaden, Unfälle mit Todesfall, Unfälle mit mehr als einem Todesfall und so weiter. Mittags machte ich Pause mit meinem Vater und seinen Kollegen, bis auf eine Kollegin waren es ausschließlich Männer. Verdient habe ich damals zehntausend Schilling, nicht einmal tausend Euro, was für mich damals unfassbar viel Geld war.

Als die Schule wieder anfing, begann ich, auf ein Kind aufzupassen, das damals sieben oder acht Jahre alt war. Ich holte das Mädchen aus der Nachmittagsbetreuung ab, fuhr mit ihm nach Hause, hörte mit ihm Kassetten, oder wir spielten etwas. Danach sah ich ihm auch einfach über die Schulter, wenn es Hausaufgaben machte. Später bereitete ich uns ein Abendbrot, ich achtete darauf, dass es sich gründlich die Zähne putzte, brachte es dann ins Bett und las ihm vor. Für jede volle Stunde erhielt ich hundert Schilling, nach der Währungsumstellung zehn Euro, was tatsächlich einer Gehaltserhöhung gleichkam, und, wenn es spät wurde, auch noch Geld für eine Taxifahrt.

Einen ganzen Sommer lang arbeitete ich als Werberin, erst für einen Tierschutzverein, dann für eine Organisation, die sich für Kinder mit Gewalterfahrung engagierte, beides ehrenhafte Ziele, aber trotzdem unrühmliche Arbeit. Täglich stand ich acht oder neun Stunden an belebten Plätzen oder U-Bahnhöfen meiner Heimatstadt, es war die Hochphase des Werbergeschäfts Anfang der Nullerjahre. An manchen Tagen waren mehr als zwanzig Werberinnen und Werber auf diesen Plätzen, immer drei oder vier desselben Trägers: Tiere, Umwelt, Menschenrechte. Schnell lernte ich die Regeln des Jobs, als junge Frau sprach ich Männer an, tendenziell junge Männer, aber auch ältere, eigentlich alle Männer, die mir entgegenkamen: Hallo, entschuldige, hast du eine Minute für mich? Die meisten nickten. Teil des Geschäfts war es, Vertrauen durch Nähe herzustellen, schließlich ging es um Geld und um Bankdaten, Dinge, die man nicht einfach so auf der Straße preisgeben will. So lernte ich, Menschen dazu zu bringen, mir zu vertrauen und mir ihre Geheimnisse zu verraten.

Im Sommer nach meiner Matura verdiente ich dann Geld, indem ich in einem anderen Bundesland Fahrgastzählungen durchführte. Die Arbeit begann frühmorgens schon vor sechs Uhr, und gezählt wurde jeweils auf einem bestimmten Streckenabschnitt. Damit die Daten nicht verfälscht werden konnten, wurde mitten auf der Strecke gewechselt. Ich lief also durch den Zug, einmal direkt nach dem Einsteigen und dann noch einmal nach jeder

Haltestelle, um abzuzählen, wie viele in Hermagor oder in Vorderberg oder in St. Stefan im Gailtal ein- oder ausgestiegen waren. Irgendwann stieg ich selbst aus, eine Kollegin stieg stattdessen ein, dann wartete ich auf den nächsten Zug und so weiter. Auch die Wartezeit wurde bezahlt, allerdings nur mit dem halben Stundenlohn, der damals bei zehn Euro lag.

Für denselben Arbeitgeber wertete ich im Verlauf des Sommers auch Kreisverkehre aus, man nennt das so, und ich will gleich erzählen, was das bedeutet: Ich sah mir zu Hause Videos an, die ich damals auf externen Festplatten zugeschickt bekam, und diese Videoaufnahmen zeigten Kreisverkehre, manche mehr, manche weniger befahren, und ich zählte, wie viele Pkws, Lkws, Traktoren oder Motorräder in den Kreisverkehr rein-, und an welchem Arm sie wieder rausgefahren waren. Das trug ich für jede Minute in eine Tabelle ein, stundenlang, tagelang, wochenlang, rein, raus, rein, raus und so weiter.

Das machte ich zwei ganze Sommer lang, wobei ich im zweiten Sommer noch einen zweiten Job annahm: Ich sollte Auskunft über ein Kunstprojekt geben, das einige Arbeiten kaum bekannter Künstlerinnen und Künstler im öffentlichen Raum präsentierte. Straßen wurden umbenannt, Skulpturen aufgestellt, solche Sachen, denn alle Arbeiten setzten sich kritisch damit auseinander, wer wo wie im Raum sichtbar wird oder zu Wort kommen kann. Leider gab es dafür wenig Interesse, sodass ich rationalisierte und während meiner Schichten im Auskunftsbüro Kreisverkehre auszuwerten begann.

Während meines ersten Studiums arbeitete ich für eine politische Bildungsorganisation, eine Arbeit, die mich oft frustrierte, weil ich hauptsächlich damit beschäftigt war, zwischen unterschiedlichen Kommunikationskanälen zu vermitteln, und weil wir zwar große Ziele hatten und nicht nur die Stadt, sondern gleich das ganze Land verändern wollten, unsere Veranstaltungen aber ausnahmslos schlecht besucht waren.

In meinem zweiten Studium dann arbeitete ich während des Semesters in einer Bibliothek. Meine Hauptaufgabe bestand darin, Bücher zu tilgen. Dazu musste ich prüfen, wie viele Exemplare eines bestimmten Buches bereits im Bestand waren, und wenn es mehr als eines dieser Bücher gab, also die exakt gleiche Ausgabe, aus demselben Verlag mit demselben Erscheinungsort und Erscheinungsjahr und so weiter, dann stempelte ich in fetten roten Lettern GETILGT in das Buch und löschte es aus dem System. Die getilgten Bücher gehörten einer vergangenen Zeit an, und ich sammelte während dieser Tätigkeit viele schöne Wörter. Es gab auch Bücher, die mir so sehr leidtaten, dass ich ihre Tilgung still und heimlich verhindert habe.

In den Winterferien begann ich, auf einem Eislaufplatz zu arbeiten. Wir hatten die Eisfläche in Abschnitte aufgeteilt, die mit Vornamen benannt waren, um das Sprechen über sie über Funk zu erleichtern. Zwischen den Flächen waren mit Holzbalken Wege verlegt, Holz, das den Kufen Griff bot. Neben den Bankreihen, auf denen pausierende Läufer verweilten und ihre Brotzeit verzehrten oder in

Ruhe eine Zigarette rauchten, gab es auch noch einige Imbissbuden, die das typische Wintermarktangebot feilboten: Kartoffeln mit Soße, Crêpes, Punsch, Glühwein und natürlich Würstchen. Am liebsten waren mir die Frühschichten, die gegen sieben Uhr begannen. Ich entleerte dann die Mülltonnen in die Müllpresse, fegte unter den Bänken und rückte die Imbisstische zurecht, bevor ab kurz vor neun die ersten Eisläuferinnen und Eisläufer kamen. Eine Schicht war fünf oder sechs Stunden lang, davon war eine Stunde bezahlte Pausenzeit, die ich mir wegen der Kälte lieber in zwei halbe Stunden aufteilte. Diese Pausen verbrachte ich in einem Container, wo ich meine Schuhe auszog und meine nassen Socken über einem Heizstrahler trocknete. Irgendwann gewöhnte ich mir sogar an, über den Socken Plastiktüten zu tragen, weil die Füße dann nicht so klamm und nass wurden. Wenn es schneite, hieß es Schnee schippen und Salz streuen, den Rest der Zeit war ich für die Sauberhaltung der Wege und Bänke zuständig und manchmal auch für kleinere Arbeiten. Oft stellte ich mir vor, dass das nun mein Leben lang so bleiben würde, und manchmal mochte ich den Gedanken sogar. Aber auf jeden Winter folgt ein Sommer.

In der warmen Jahreszeit arbeitete ich auf Festivals, ich war dort Ordnerin und regelte den Einlass für den VIP-Bereich. Presse, Artist oder Team, fragte ich jede Person, die an mir vorbeiwollte, und wer sich nicht ausweisen konnte, dem verwehrte ich den Einlass. Von der Musik hörte ich wenig, meine Aufmerksamkeit lag ganz bei den Menschen, ich beobachtete. Ich lernte bei dieser Arbeit meine strenge Seite kennen, lernte, dass es mir leichtfiel, andere zu ermahnen, lernte, mit meinem Körper den Raum zu gestalten, mich zu behaupten und immer Ruhe zu bewahren.

In einem anderen Sommer arbeitete ich für dreieinhalb Monate als Ausstellungsaufsicht. Acht Stunden täglich, fünf Tage die Woche begleitete ich eine Virtual-Reality-Installation. Die Menschen standen Schlange und warteten oft über eine Stunde, um sich für vier Minuten in diese virtuelle Welt zu begeben. Zu Beginn der gezeigten Arbeit befand man sich in einer perfekten Nachbildung der realen Umgebung: auf dem Balkon der Akademie der Künste, mit Blick über die Menschenmassen vor dem Brandenburger Tor, im Hintergrund die französische Botschaft, links davon der Reichstag. Bald aber kam ein Sturm auf, wirbelte die Menschen in die Luft, der Himmel verdunkelte sich, und plötzlich brach einem der Boden unter den Füßen weg. Man sah sich fallen, unter einem ein weiter Ozean, man tauchte ein und entdeckte in den Unterseewelten die Skulpturen wieder, die zuvor noch auf dem Balkon gestanden hatten; Tiere, die einander verschlangen, eine Anspielung auf das sexuelle Verlangen, zu verschlingen oder verschlungen zu werden, dem Künstler zufolge die perfekte Metapher für unser Leben mit und in den neuen Medien.

Ich erklärte den Besucherinnen und Besuchern, wie sie sich zu verhalten hatten, achtete darauf, dass niemand die Skulpturen anfasste. Manchmal hatte ich kurz Zeit, mir meine eigenen Gedanken zu machen. *Virtual Reality*, notierte ich einmal, *ist eine Falte, wie jede Fiktion. Es ist kein anderer Raum, sondern eine Einkerbung. Ihr Reiz besteht genau darin, dass eine Kluft entsteht, weil das Körpersensorium sowohl Signale erhält, dass es in diesem Raum ist, als auch, dass es in jenem anderen Raum ist.* So oft brachte ich Menschen in die VR, dass ich technische Fehler an der Reaktion ihrer Körper ablesen konnte, stockte das Programm etwa, konnte ich es am Stocken der Bewegungen erkennen, noch bevor die Person mich zaghaft darauf aufmerksam machte. Die Körper, die Technologie und ich waren ein Gefüge. Unweigerlich wurde ich über die vielen Wochen ein Roboter, spulte die immer gleichen Sätze runter, wie vom Band. Das ging so weit, dass mich einmal jemand fragte, während sie das VR-Headset schon aufhatte und mich nicht mehr sehen konnte, ob eine Maschine zu ihrspreche oder ein Mensch. Und wenn du ein Mensch bist, sagte sie, dann sprich doch bitte langsamer. Manchmal vergaßen Menschen auch ganz und gar, dass ich da war, liefen schon los, während ich noch an dem Headset herumstellte. Einige Male kam es auch vor, dass mir jemand an die Brüste fasste, mit den Händen, die zaghaft nach vorne tasteten, um den virtuellen Raum zu begreifen. Mein Körper war da, aber eben nicht in VR. Ich wurde in dieser Zeit zu einer Schleuserin zwischen den Welten, bezahlt nach dem geltenden Mindestlohn von acht Euro vierzig die Stunde, die halbe Stunde Pause nicht mit abgegolten.

Was ich bis hierher verschwiegen habe, ist, dass ich manchmal auch als Autorin Geld verdiene. Ich kann damit nicht rechnen, aber immer mal wieder kommt auch durch das Schreiben etwas in die Kasse. Dieser Preis etwa, der mir heute verliehen wird, ist ein gutes Beispiel dafür: Damit rechnen konnte ich nicht, aber umso mehr freue ich mich darüber. Die Preissumme beträgt, wie Sie in der Pressemitteilung gelesen haben, fünftausend Euro. Fünftausend Euro, einfach so, extra, obendrauf, die hätte ich auch gern, werden Sie Ihrer Sitznachbarin gleich zuraunen oder heute Abend noch jemandem in einem Messenger schreiben. Und Sie haben recht, fünftausend Euro sind viel Geld. Und das noch dazu für einen Erzählband, der keine zweihundert Seiten hat, also eher schmal ist. Es gibt ja durchaus Erzählbände, die doppelt so viele Seiten haben, die ausreichen für einen ganzen Monat, in die man sich so richtig vergraben kann. Hunderteinundachtzig Seiten also, macht rund 27,62 Euro pro Seite. Und da sind Impressum und Inhaltsverzeichnis, Titelei und Vita auch mitgezählt, obwohl ich sie gar nicht selbst geschrieben habe. Eigentlich wäre der Verdienst also sogar ein wenig höher. Ein guter Lohn, werden Sie sich denken, und ich würde Ihnen gern beipflichten, wenn es nicht so wäre, dass ich wüsste, wie viel Arbeit dahintersteckt.

Tatsächlich habe ich zweieinhalb Jahre an diesem Erzählband gearbeitet, das sind hundertdreißig Wochen und das wiederum sind sechshundertfünfzig Arbeitstage, wenn man von einer Fünftagewoche ausgeht, die ich ohnehin nur selten einhalte. Zu erratisch sind die Eingebungen, und wenn ein Bild, ein Satz oder eine Stimme sich zeigt, dann setze ich mich dran, ganz gleich, welcher Wochentag es ist oder welche Tageszeit. Dividiert man also diese fünftausend Euro durch die Anzahl der Arbeitstage, die ich an den Texten gesessen habe – schreibend, recherchierend, lesend, prüfend, redigierend, verwerfend und wieder von Neuem anfangend –, dann ergibt das einen Tagessatz von rund 7,70 Euro. Setzt man acht Stunden Arbeitszeit für einen Tag an – Pause nicht bezahlt –, ist Schreiben also, das werden Sie vielleicht mit Überraschung feststellen, ein Ein-Euro-Job.

Und der Vorschuss, werden Sie einwerfen, weil Sie ja auch wissen, wie es läuft mit dem Büchermachen. Und es stimmt, auch ich habe einen Vorschuss erhalten. Ich kaufte mir davon einen neuen Laptop, also ein Arbeitsmittel, sozusagen Reinvestition. Plus zwei Flaschen Crémant, um auf die Vertragsunterzeichnung anzustoßen. Das war es dann. Denn so hoch, wie man immer hört, sind die Vorschüsse nicht, beziehungsweise hört man vielleicht bloß von den hohen, nicht aber den durchschnittlichen. Man muss es sich also auch leisten können, Literatur zu machen, durch Vermögen oder eben durch andere Arbeit, wie in meinem Fall.

Warum macht man das dann, werden Sie nun fragen. Da geht man zur Schule, studiert, arbeitet in vielen unterschiedlichen Bereichen und dann: Ein-Euro-Job, selbstgewählt. Und ich kann Ihnen verraten, fürs Geld mache ich es nicht. Denn wie ich Ihnen jetzt seit gut fünfzehn Minuten dargelegt habe, mache ich für Geld andere Dinge.

Jetzt werde ich also doch tun, wovon ich eingangs gesagt hatte, dass ich es unterlassen würde, ich werde noch ein paar Worte über das Schreiben selbst sagen:

Zuallererst schreibe ich, weil es meine Traurigkeit auffängt – Sie erinnern sich an die Zauberei und ihre Wirkungslosigkeit? Ich schreibe aber auch, weil sich in Geschichten die Traurigkeit so lange hegen lässt, bis etwas ganz anderes daraus wird. Und weil ich daran glaube, dass Geschichten erfolgreiche Kommunikationsarbeit sind. Ich schreibe, weil ich mir nichts Schöneres vorstellen kann, als zwischen den Welten zu vermitteln, als Fährfrau, als Schleuserin. Schreiben, das ist für mich auch ein bisschen wie Lego oder Playmo spielen, man baut Welten, in denen man dann für Stunden versinkt und in die man, wenn die Häuser dann fertig sind, auch andere einladen kann. Ich schreibe, weil Schreiben auch bedeutet, sich für alles interessieren zu können, das habe nicht ich gesagt, sondern Marguerite Duras, und es stimmt, ich kann mich für wirklich alles interessieren, solange ich darüber schreiben kann. Und Virginia Woolf sagt, dass man für kleines Geld genügend Papier kaufen kann, um sämtliche Shakespeare-Stücke zu schreiben – wenn man es schafft. Dass Schreiben also die Kunst der armen Leute ist, anders als etwa das Filmemachen. Und wenn ich eine Freundin frage, die auch schreibt, lacht die und sagt, einfach machen, der Rest fügt sich dem dann. Wenn ich in dieser Preisrede auch andere zu Wort kommen lasse, dann deshalb, weil ich daran glaube, dass ich bloß schreiben kann, weil es andere vor mir auch schon getan haben,

Dichterinnen, Hausfrauen, Mütter und Tanten, die neben allen Pflichten an ihren eigenen Raum, ihr eigenes Zimmer geglaubt haben. Ich schreibe also auch, weil ich an einen Raum für den Möglichkeitssinn glaube und an das Wahre, das irgendwo kurz hinter der Wirklichkeit liegt. An Fiktion eben. Und ich schreibe, weil es Geschichten, Figuren und Ereignisse gibt, die wahrscheinlich nicht da wären, würde sie nicht jemand, in diesem Fall ich, erzählen. Und weil ich daran glaube, dass diese Geschichten, Figuren und Ereignisse auch ein bisschen wahr werden, wenn Sie sie lesen. Und auch wenn das hier ein guter Schluss für diese Rede wäre, so muss ich doch noch einmal auf die Arbeit zu sprechen kommen.

Denn dieses Buch gäbe es nicht, wenn nicht die Arbeit so vieler anderer Menschen eingeflossen wäre: Die Lektoratsarbeit der Lektorinnen, die erheblich zur Präzision der Texte beigetragen hat, die Versorgungsarbeit der Freundinnen und Freunde, die mich zum Durchhalten, Weitermachen und Nicht-Aufgeben ermutigt hat, sind die vielleicht offensichtlichen; darüber hinaus aber auch noch die Arbeit der Förster, die die Bäume gehegt haben, und die Arbeit der Waldarbeiterinnen, die diese Bäume schließlich gefällt und zersägt haben; die Transport- und Logistikarbeit der Transport- und Logistikunternehmen, die die Bäume in die Papierfabrik verbracht haben; die Arbeit der Papierfabrikarbeiterinnen, die aus den Bäumen in einem langwierigen Prozess Papier gemacht haben, und die Tintenherstellungsarbeit der Tintenhersteller, die die Druckfarbe produziert haben, das Papier und die Tinte also, die die Druckereimitarbeiter in der Druckerei in Druckerpressen gespannt und gefüllt haben, damit der Satz der Setzerin, die aus dem Manuskript Fahnen gemacht hat, und das Korrektorat der Korrektorin, das dafür gesorgt hat, dass hier tatsächlich auch immer Arbeit steht, wenn von Arbeit die Rede ist, überhaupt erst zu einem Buch werden können; dann noch die Verlagsauslieferungsarbeit der Verlagsauslieferungsmitarbeiterinnen und Verlagsauslieferungsmitarbeiter und die Vertriebsarbeit des Vertriebs, die für pünktliche Auslieferung und Lieferbarkeit sorgen, die Arbeit der Buchhändlerinnen und Buchhändlern, die in ihren Buchhandlungen dieses Buch verkaufen die Pressearbeit der Presseabteilung, ohne die Sie von diesem Buch vielleicht überhaupt nie Notiz genommen hätten, und auch die Veranstaltungsorganisationsarbeit der Veranstaltungsabteilung, ohne die wir hier vielleicht gar nicht so reibungslos hätten zusammenkommen können. All diesen Menschen gilt mein Dank, denn ohne ihre Arbeit würde es dieses Buch nicht geben; und zu guter Letzt will ich mich auch bei Ihnen für Ihre Arbeit bedanken, nicht nur als Leserinnen und Leser, sondern für Ihre Arbeit als arbeitende Menschen, die Steuern zahlen, sodass dieser Literaturpreis überhaupt erst mit einem Literaturpreisgeld verbunden sein kann. Da wären wir also fast wieder beim Gegenstand dieser Rede, denn auch Sie sind mehr als die Arbeit, die Sie machen. Und können Ihre Arbeit überhaupt nur machen, weil auch andere ihre Arbeit machen. Schlussendlich ist es also vieler Leute Arbeit, die dieses Buch ermöglicht hat. Und dafür bin ich dankbar. Weil Schreiben eben auch Arbeit ist, meine Arbeit.

Nachweis der Erstdrucke

Schlangestehen, unter dem Titel »Bold, Never Regular« in: Kammer für Arbeiter und Angestellte für Oberösterreich (Hg.), *»Leben VERarbeitet«. Ausgewählte Texte zum AK-Literaturpreis 2017*, Wien: ÖGB-Verlag 2017.

Kirschkernernte, in: *Lichtungen* 4/2019.

Für diesen Band wurden die Texte von der Autorin neu überarbeitet.

edition suhrkamp
Eine Auswahl

Bini Adamczak. Beziehungsweise Revolution. 1917, 1968 und kommende. es 2721. 313 Seiten

Giorgio Agamben et al. Demokratie? Eine Debatte. es 2611. 137 Seiten

Bruno Amable / Stefano Palombarini. Von Mitterrand zu Macron. Über den Kollaps des französischen Parteiensystems. es 2727. 255 Seiten

Perry Anderson. Hegemonie. Konjunkturen eines Begriffs. es 2724. 249 Seiten

Scott Anderson. Zerbrochene Länder. Wie die arabische Welt aus den Fugen geriet. es-Sonderdruck. 263 Seiten

Wolfgang Bauer
- Bruchzone. Krisenreportagen. es-Sonderdruck. 349 Seiten
- Über das Meer. Mit Syrern auf der Flucht nach Europa. es-Sonderdruck. 133 Seiten

Zygmunt Bauman
- Die Angst vor den anderen. Ein Essay über Migration und Panikmache. es-Sonderdruck. 124 Seiten
- Retrotopia. es-Sonderdruck. 220 Seiten

Michael Butter. »Nichts ist, wie es scheint«. Über Verschwörungstheorien. es-Sonderdruck. 270 Seiten

NF 383/1/9.21

Colin Crouch
- Gig Economy. Prekäre Arbeit im Zeitalter von Uber, Minijobs & Co. es 2742. 135 Seiten
- Postdemokratie. es 2540. 159 Seiten

Adrian Daub. Was das Valley denken nennt. Über die Ideologie der Techbranche. es 2750. 158 Seiten

Didier Eribon
- Gesellschaft als Urteil. Klassen, Identitäten, Wege. es-Sonderdruck. 264 Seiten
- Rückkehr nach Reims. es-Sonderdruck. 237 Seiten

Heiner Flassbeck / Paul Steinhardt. Gescheiterte Globalisierung. Ungleichheit, Geld und die Renaissance des Staates. es 2722. 410 Seiten

Heinrich Geiselberger (Hg.). Die große Regression. Eine internationale Debatte über die geistige Situation der Zeit. es-Sonderdruck. 318 Seiten

Masha Gessen. Leben mit Exil. Über Migration sprechen. 98 Seiten

Kristen R. Ghodsee. Warum Frauen im Sozialismus besseren Sex haben. Und andere Argumente für ökonomische Unabhängigkeit. es-Sonderdruck. 275 Seiten

Marius Goldhorn. Park. Roman. es 2764. 179 Seiten

Mark Greif. Bluescreen. Essays. es 2629. 231 Seiten

Jürgen Habermas. Im Sog der Technokratie. Kleine politische Schriften XII. es 2671. 193 Seiten

NF 383/2/9.21

Lea Haller. Transithandel. Geld- und Warenströme im globalen Kapitalismus. es 2731. 512 Seiten

Sabine Hark. Gemeinschaft der Ungewählten. Umrisse eines politischen Ethos der Kohabitation. es 2774. 271 Seiten

David Harvey. Rebellische Städte. es 2657. 283 Seiten

Wilhelm Heitmeyer. Autoritäre Versuchungen. Signaturen der Bedrohung 1. es 2717. 394 Seiten

Axel Honneth. Vivisektionen eines Zeitalters. Porträts zur Ideengeschichte des 20. Jahrhunderts. es 2678. 307 Seiten

Eva Illouz. Israel. Soziologische Essays. es 2683. 228 Seiten

Dirk Jörke. Die Größe der Demokratie. Über die räumliche Dimension von Herrschaft und Partizipation. es 2739. 280 Seiten

François Jullien. Es gibt keine kulturelle Identität. es 2718. 95 Seiten

Susanne Kaiser. Politische Männlichkeit. Wie Incels, Fundamentalisten und Autoritäre für das Patriarchat mobilmachen. es 2765. 268 Seiten

Ariane Koch. Die Aufdrängung. Roman. es 2784. 179 Seiten

Ivan Krastev. Europadämmerung. Ein Essay. es 2712. 143 Seiten

Benjamin Kunkel. Utopie oder Untergang. Ein Wegweiser für die gegenwärtige Krise. es 2687. 245 Seiten

NF 383/3/9.21

Bruno Latour
- Das terrestrische Manifest. es-Sonderdruck. 136 Seiten
- Wo bin ich? Lektionen aus dem Lockdown. es 2771. 199 Seiten

Philipp Lepenies. Die Macht der einen Zahl. Eine politische Geschichte des Bruttoinlandsprodukts. es 2673. 186 Seiten

Enis Maci. Eiscafé Europa. Essays. es 2726. 240 Seiten

Philip Manow
- Die Politische Ökonomie des Populismus. es 2728. 160 Seiten
- (Ent-)Demokratisierung der Demokratie. 160 Seiten

Lorenzo Marsili/Niccolò Milanese. Wir heimatlosen Weltbürger. es 2736. 280 Seiten

Steffen Mau. Das metrische Wir. Über die Quantifizierung des Sozialen. es-Sonderdruck. 307 Seiten

Robert Misik. Die falschen Freunde der einfachen Leute. es 2741. 138 Seiten

Franco Moretti. Kurven, Karten, Stammbäume. Abstrakte Modelle für die Literaturgeschichte. es 2564. 138 Seiten

Chantal Mouffe. Für einen linken Populismus. es 2729. 111 Seiten

Jan-Werner Müller
- Furcht und Freiheit. Für einen anderen Liberalismus. es-Sonderdruck. 170 Seiten
- Was ist Populismus? Ein Essay. es-Sonderdruck. 159 Seiten

NF 383/4/9.21

Oliver Nachtwey. Die Abstiegsgesellschaft. Über das Aufbegehren in der regressiven Moderne. es 2682. 263 Seiten

Ole Nymoen/Wolfgang M. Schmitt. Influencer. Die Ideologie der Werbekörper. es-Sonderdruck. 191 Seiten

Miltiadis Oulios. Blackbox Abschiebung. Geschichte, Theorie und Praxis der deutschen Migrationspolitik. es-Sonderdruck. 483 Seiten

Volker Perthes. Das Ende des Nahen Ostens, wie wir ihn kennen. es-Sonderdruck. 143 Seiten

Heribert Prantl. Trotz alledem! Europa muss man einfach lieben. es-Sonderdruck. 93 Seiten

Paul B. Preciado. Ein Apartment auf dem Uranus. Chroniken eines Übergangs. es-Sonderdruck. 368 Seiten

Adam Przeworski. Krisen der Demokratie. es 2751. 256 Seiten

Jedediah Purdy. Die Welt und wir. Politik im Anthropozän. es-Sonderdruck. 186 Seiten

Katharina Raabe/Manfred Sapper (Hg.). Testfall Ukraine. Europa und seine Werte. es-Sonderdruck. 256 Seiten

Hanno Rauterberg
- Die Kunst und das gute Leben. Über die Ethik der Ästhetik. es 2696. 205 Seiten
- Wie frei ist die Kunst? Der neue Kulturkampf und die Krise des Liberalismus. es 2725. 141 Seiten

NF 383/5/9.21

Andreas Reckwitz. Das Ende der Illusionen. Politik, Ökonomie und Kultur in der Spätmoderne. es 2735. 305 Seiten

César Rendueles
- Kanaillen-Kapitalismus. Eine literarische Reise durch die Geschichte der freien Marktwirtschaft. es 2737. 300 Seiten
- Soziophobie. Politischer Wandel im Zeitalter der Utopie. es 2690. 262 Seiten

Rachel Salamander. Heine und der deutsche Donner. Heine-Preis 2020. Laudatio: Frank-Walter Steinmeier. es-Sonderdruck. 48 Seiten

Ulrich Schmid. Technologien der Seele. Vom Verfertigen der Wahrheit in der russischen Gegenwartskultur. es 2702. 386 Seiten

Michel Serres. Was genau war früher besser? Ein optimistischer Wutanfall. es-Sonderdruck. 80 Seiten

Olga Shparaga. Die Revolution hat ein weibliches Gesicht. Der Fall Belarus. es 2769. 231 Seiten

Philipp Staab. Digitaler Kapitalismus. Markt und Herrschaft in der Ökonomie der Unknappheit. es-Sonderdruck. 345 Seiten

Carlo Strenger
- Abenteuer Freiheit. Ein Wegweiser für unsichere Zeiten. es-Sonderdruck. 122 Seiten
- Diese verdammten liberalen Eliten. Wer sie sind und warum wir sie brauchen. es-Sonderdruck. 172 Seiten

NF 383/6/9.21

Kate Tempest
- Brand New Ancients/Brandneue Klassiker. Lyrik. es 2733. 103 Seiten
- Let Them Eat Chaos. Sollen sie doch Chaos fressen. es 2754. 154 Seiten

Philipp Ther. Das andere Ende der Geschichte. Über die Große Transformation. es 2744. 199 Seiten

David Van Reybrouck. Zink. es-Sonderdruck. 86 Seiten

Raul Zelik. Wir Untoten des Kapitals. Über politische Monster und einen grünen Sozialismus. es 2746. 328 Seiten

Slavoj Žižek. Auf verlorenem Posten. es 2562. 319 Seiten

Gabriel Zucman. Steueroasen. Wo der Wohlstand der Nationen versteckt wird. es-Sonderdruck. 118 Seiten

NF 383/7/9.21